La Communication non-violente

Andreas Basu et Liane Faust

La Communication non-violente

Mieux communiquer sans conflit !

Ixelles éditions

Traduction : Sabine Rolland
Directrice de collection : Sophie Descours

"Andreas Basu, Liane Faust : *Gewaltfreie Kommunikation*"
Licensed edition by the Haufe-Lexware GmbH & Co. KG,
Federal Republic of Germany, Freiburg, 2010
Lizenzausgabe des Haufe-Lexware GmbH & Co. KG,
Bundesrepublik Deutschland, Freiburg 2010

Ixelles éditions est une division d'Ixelles Publishing SA

ISBN 978-2-87515-096-7
D/2011/11.948/97

Dépôt légal : 1er trimestre 2011

Ixelles Publishing SA
Avenue Molière, 263
B-1050 Bruxelles

E-mail : contact@ixelles-editions.com
Site internet : www.ixelles-editions.com

Sommaire

Avant-propos

La communication fait partie de notre quotidien, au travail comme à la maison. Il ne se passe pas une journée sans que nous ayons besoin de communiquer pour résoudre des problèmes, régler de légers différends ou mettre un terme à de sérieux conflits. Notre langage verbal et non-verbal permet à nos interlocuteurs de connaître notre attitude, de savoir si nous sommes en accord ou en désaccord avec eux, ouverts ou fermés à la discussion. Si des querelles mineures ou de véritables guerres éclatent dans notre sphère privée et notre milieu professionnel, c'est essentiellement parce que nous croyons que les autres sont responsables de nos sentiments et de nos émotions.

La communication non-violente est une attitude face à la vie qui nous rend capables d'assumer ce qui relève de notre propre responsabilité ; elle est aussi une méthode de résolution des conflits extraordinairement simple et profitable à tous.

Ce MiniGuide vous montre comment assumer la responsabilité de vos sentiments et transmettre à vos interlocuteurs le message que vous souhaitez leur faire passer, indépendamment de leur position sociale, de leur sexe ou de leur culture. Vous apprendrez à connaître les différentes composantes de la communication non-violente et à les appliquer dans vos échanges quotidiens. L'alliance du cœur et de la tête vous permettra d'agir en accord avec les valeurs qui sont les vôtres. Car l'objectif de ce livre est de vous aider à développer une intelligence de la relation et du conflit grâce à laquelle la vie est infiniment plus agréable à vivre.

Andreas Basu

De la confrontation à la coopération

Des conflits, toujours et partout. Tout le monde veut gagner, nul ne veut perdre. Ces derniers temps, on ne parle plus que de solution ou de négociation gagnant-gagnant. Le « gagnant-gagnant » est devenu, semble-t-il, une parole magique…

Dans ce chapitre vous découvrirez :

- ce qu'est véritablement le gagnant-gagnant (pages 13-15) ;
- pourquoi la communication non-violente sert à résoudre durablement des conflits (pages 15-22) ;
- ce qu'est exactement un conflit, les différents types de conflits et pourquoi il est si difficile de les gérer (pages 22-37) ;
- comment les individus peuvent être violents par

la parole et ce que signifie « parler sans violence » (pages 37-44).

Rendre la vie plus agréable

- Plus de la moitié des projets échouent en raison de problèmes interindividuels (Chaos Studies 2009, Standish Group).
- Au sein de l'Union européenne, près d'un mariage sur deux se termine par un divorce.
- Seuls 13% des salariés ressentent qu'un lien les unit à leur employeur. Les autres se contentent de faire leur boulot ou ont déjà démissionné intérieurement (Gallup Institut, 2008).
- Un nombre croissant d'individus se plaignent de stress, de harcèlement moral et d'épuisement (syndrome du *burnout*) sur leur lieu de travail.

Contrairement à ce que ces données laissent supposer, je prétends que le sens de la coopération nous a été donné à la naissance. En réalité, nous avons plaisir à rendre notre vie et celle des autres plus agréable. Comment puis-je soutenir pareille affirmation au vu d'un quotidien caractérisé par des problèmes et des conflits à résoudre avec nos collègues, nos collaborateurs, nos supérieurs, nos parents ou nos partenaires ? Comme l'écrit Desmond Morris, zoologue et éthologue de renom, nous, êtres humains, sommes faits pour coopérer et nous entraider – sans ces qualités, nous n'aurions jamais pu tuer des mammouths ni peupler si largement la planète. Malheureusement, dès notre plus jeune âge, nous nous sommes habitués à l'idée qu'il n'existe que deux possibilités : gagner ou perdre. Le cinéma ne nous montre que des héros et des *losers*, les tournois de tennis des vainqueurs qui jubilent et des perdants vite oubliés. C'est à qui aura le salaire le plus élevé, la plus grosse voiture, la plus grande part de marché… Beaucoup se demandent comment s'y prendre pour faire partie des gagnants. Car, bien sûr, personne ne veut être dans le camp des perdants. D'où la lutte quotidienne pour la survie. Nous pensons qu'il n'y en a pas assez pour tout le monde. Du coup, une idée toute simple nous échappe : et si tout le monde pouvait gagner ?

Qu'est-ce qu'un accord gagnant-gagnant ?

Issue de l'analyse transactionnelle, la notion de gagnant-gagnant est devenue un concept-clé dans de nombreuses entreprises, voire un mot à la mode dans l'ensemble de la société. Lorsque je demande à des personnes qui travaillent en entreprise comment elles souhaitent résoudre un conflit ou mener une négociation, elles me répondent souvent : « Eh bien, nous devons justement créer une situation gagnant-gagnant ! ». Dans ce MiniGuide, je vous montre comment créer pas à pas des situations gagnant-gagnant, c'est-à-dire comment trouver des solutions satisfaisantes pour les deux parties. Car la difficulté semble résider dans la marche à suivre pour y arriver.

Le schéma ci-dessous vous montre que la connaissance de la méthodologie à appliquer ne sert à rien si elle n'est pas fondée sur l'attitude qui convient. Car de notre attitude intérieure découle notre comportement extérieur. Seule l'attitude « Je suis d'accord – Tu es d'accord » peut vous permettre d'aboutir à une solution gagnant-gagnant.

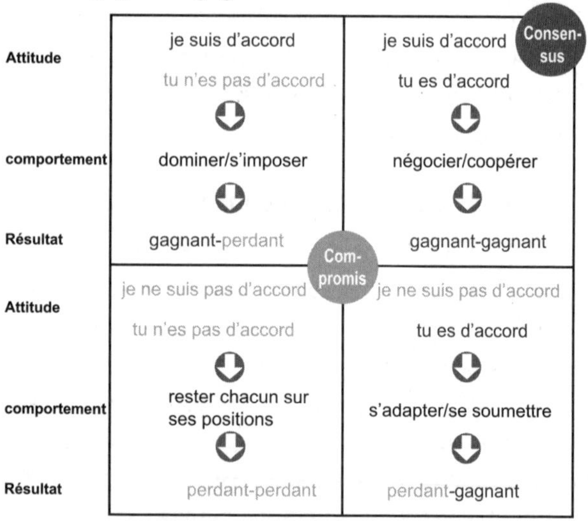

Attitudes et comportements en cas de conflit.

Tous les individus que je rencontre souhaitent la solution gagnant-gagnant. En effet, vous n'avez rien contre voir les autres gagner, à condition de gagner vous aussi. Le processus d'apprentissage du gagnant-gagnant consiste à développer l'attitude adéquate et à se servir de l'outil adapté. Les composantes de la **communication non-violente** (CNV) vous aident à adopter systématiquement la bonne attitude dans les situations les plus difficiles.

À quoi sert la communication non-violente ?

- Dans des situations difficiles sur le plan émotionnel, voudriez-vous garder plus souvent votre calme, votre sang-froid et votre assurance ?
- Aimeriez-vous vous sentir moins visé personnellement par des reproches ou des critiques ?
- Vous demandez-vous comment gérer votre colère pour éviter de compromettre vos relations ?
- Vous demandez-vous comment inciter les autres à ne pas dire blanc et faire noir ?

Si vous répondez oui à au moins deux de ces questions, vous trouverez dans la CNV un outil pour résoudre les conflits de manière constructive et formuler des solutions durables. Vous apprendrez à établir et entretenir des relations satisfaisantes, voire épanouissantes, avec les gens qui vous entourent, ainsi qu'à faire la paix avec vous-même.

Pourquoi « non-violente » ?

L'adjectif *non-violent* a été formé à partir du nom *non-violence*, lui-même issu de l'anglais *non-violence*, traduction du sanskrit *ahimsâ*, une notion chère au Mahatma Gandhi. Mais l'ahimsâ va bien au-delà de la résistance non-violente ou des actions non-violentes. Il désigne une conception de la vie selon laquelle chaque être humain doit éviter de nuire aux autres, que ce soit en nourrissant des pensées d'hostilité à leur égard ou en employant un langage qui les rend responsables de ses propres sentiments, et de favoriser ainsi l'escalade des conflits.

La non-violence est souvent assimilée, à tort, à la passivité, à l'inactivité, ainsi qu'à de bonnes paroles du style « Aimons-nous les uns les autres ». Or, la non-violence ne consiste pas à éviter le conflit à tout prix, mais à l'aborder de front. Le docteur Marshall B. Rosenberg (fondateur de la communication non-violente et médiateur international dans les conflits) rejoint Gandhi dans sa conviction qu'il n'existe pas de non-violence absolue. Si vous n'aviez le choix qu'entre « subir la violence » et « employer la violence », ces deux hommes vous conseilleraient unanimement d'opter pour la seconde proposition, même s'ils sont intimement persuadés que la non-violence est supérieure à la violence.

Le docteur Rosenberg distingue l'emploi de la violence à des fins punitives et l'emploi de la violence à des fins protectrices. Employer la force pour protéger, c'est vouloir empêcher une atteinte à la vie de son prochain ou une injustice. Ce n'est ni vouloir condamner, ni vouloir susciter une souffrance ou un repentir, ni vouloir obtenir par la force un changement de comportement. Saisir violemment un enfant par le bras pour lui éviter de se faire renverser par une voiture est un exemple de recours à la force dans un but protecteur.

Au niveau de l'entreprise et du conseil, des synonymes de la communication non-violente pourraient être la communication synergique, la communication constructive ou la communication attentive et respectueuse.

La CNV vous apprend à :

- En venir au fait, débattre d'une question avec dynamisme et conviction, mais aussi objectivité et sens de l'équité.
- Exprimer vos sentiments et vos besoins sans accuser, juger ou critiquer les autres.
- Formuler clairement vos demandes sans menacer ou manipuler les autres.
- Développer des solutions acceptables pour toutes les parties au lieu d'aboutir à des compromis boiteux qui ne tarderont pas à être remis en question.

- Peser sur les décisions avec une intégrité totale et mener des discussions d'égal à égal, tous niveaux hiérarchiques confondus.
- Ne pas prendre pour vous les reproches, les critiques et les exigences des autres, mais percevoir les sentiments et les besoins implicites qui se cachent derrière leurs messages.
- Prendre en compte votre propre intérêt tout en évitant de compromettre vos relations dans le cadre du processus de résolution d'un conflit.

Qu'est-ce qui caractérise la communication non-violente ?

Une méthode capable de vous aider lorsque vous êtes sous pression doit être avant tout simple et efficace.

- **La CNV est claire et immédiatement applicable.** Vous pouvez facilement apprendre à jouer sur un piano à quatre touches ! Car la CNV comprend quatre composantes : l'observation, le sentiment, le besoin et la demande (pour plus de détails, reportez-vous à la page 45 et aux suivantes). Dès les premiers exercices, vous sentez que le stress et la tension s'évanouissent pour laisser place à la curiosité et à la confiance. Vous tenez là l'outil qui vous permet de dénouer les situations les plus complexes et les plus inextricables.
- **La CNV fonctionne même si un seul interlocuteur la maîtrise.** On me pose fréquemment la question suivante : « Mon interlocuteur doit-il connaître lui aussi la CNV pour qu'elle fonctionne ? » Non,

même si sa connaissance par les deux parties facilite les choses. La CNV consiste à aller chercher l'autre là où il se trouve. Vous « prêtez » vos capacités à votre interlocuteur le temps du conflit.

> **Lorsque vous souhaitez emmener quelqu'un en voyage, vous allez le chercher là où il est et non là où vous êtes.**

- **La CNV ne connaît pas de limites**. Elle s'applique à toutes les situations, que vous meniez des négociations au Japon, que vous envisagiez d'avoir une entrevue avec un collaborateur « difficile », que vous ayez des partenaires de différentes nationalités réunis à la table de négociations ou que vous vouliez déterminer en famille la destination de vos prochaines vacances. Les êtres humains partagent des besoins universels. Les cultures ne se distinguent que par les moyens qu'elles utilisent pour satisfaire ces besoins. Par exemple, la proximité physique est vécue différemment par un Italien et un Japonais. Si vous êtes capable d'identifier les besoins de votre interlocuteur et de les nommer dans la langue qui est la sienne, vous serez capable de surmonter les fossés culturels (reportez-vous au chapitre sur l'écoute empathique des pages 93 à 111).
- **La CNV a fait ses preuves. Elle a été testée dans les conditions les plus difficiles**. Elle repose sur les

recherches du docteur Marshall B. Rosenberg qui, en l'espace d'une quarantaine d'années, l'a développée et appliquée avec succès dans le monde entier – au Rwanda, dans les Balkans ou en Afghanistan. Chefs d'entreprise, médecins, policiers, avocats, enfants, enseignants ou parents – tous ont travaillé avec le docteur Rosenberg. La CNV est universellement applicable dans les situations soi-disant les plus difficiles à gérer.

- **Existe-t-il des situations dans lesquelles la CNV ne fonctionne pas ?** Oui, dans toutes les situations où vous n'êtes plus dans l'estime et le respect de l'autre.

Exemple : un enfant de deux ans qui n'en fait qu'à sa tête

Karine est dans la chambre d'enfant et appelle son mari : « Regarde, Fabien, Enzo sait dire Barbapapa. Pour la première fois il est capable de prononcer un mot de quatre syllabes ! » Fabien vient la rejoindre. « Bravo, Enzo ! Qu'est-ce que tu viens de dire ? » Enzo tout fier : « Barbapapa ». Fabien : « Veux-tu apprendre un autre mot de quatre syllabes ? » Le petit garçon de deux ans regarde son père d'un air interrogateur. Fabien : « Diplodocus... Vas-y, essaie : diplo... » Enzo : « dus. » Fabien, s'armant de patience : « Diplo... » Enzo : « dus. » Fabien, qui commence à perdre patience : « Non, diplo-docus ! Répète. » Enzo : « Barbapapa. »

À chaque instant nous avons le choix entre vouloir avoir raison et vouloir être heureux. Les deux à la fois sont impossibles. (Marshall B. Rosenberg)

Les deux champs d'application de la communication non-violente

Les gens me demandent souvent : « Donnez-moi la recette pour pouvoir obtenir ce que je veux de mes interlocuteurs. » Malheureusement, les choses ne sont pas aussi simples.

Les situations interindividuelles n'obéissent pas à des règles statiques, mais à des transformations dynamiques. Une phrase en entraîne une autre, les mots prononcés ne sont pas les termes attendus. Comment gérer le malentendu créé sans l'aggraver par un nouveau mot malheureux ? Nous avons besoin d'une méthode simple qui suit le cours vivant et naturel de la conversation, l'évolution spontanée du processus de communication. C'est pourquoi deux champs d'application sont importants dans la communication non-violente :

- s'exprimer avec sincérité

et

- écouter avec empathie.

Ils sont représentés par un huit couché.

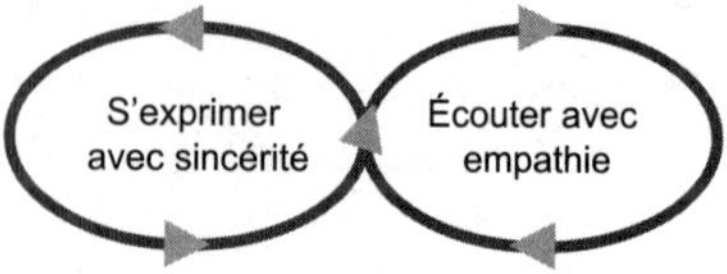

Les deux champs d'application de la CNV.

Pendant la conversation, l'attention va et vient entre ces deux pôles :

- exprimer avec sincérité ce dont j'ai besoin

et

- écouter avec empathie ce dont l'autre a besoin.

Le passage répété d'un ovale à l'autre – ce qui revient à décrire un huit couché – permet l'émergence d'une clarté dont les deux partenaires ont besoin pour aboutir à un résultat gagnant-gagnant. Pour connaître tous les détails d'application de cette méthode, reportez-vous à la page 45 et aux suivantes.

Comprendre les conflits

Avant de nous pencher sur les différents types de conflits, posons-nous la question suivante : Qu'est-ce qu'un conflit ? Un conflit est une situation dans laquelle au moins deux besoins ne sont pas satisfaits et où les moyens utilisables pour les satisfaire ne sont pas compatibles.

Exemple : la télévision

Prenons le couple Dupond. Monsieur rentre épuisé de son travail pour la quatrième fois de la semaine et dit à Madame qu'il a besoin de regarder la télé pour se détendre. Madame, elle, a passé toute la journée à s'occuper de la maison et des enfants et voudrait parler avec Monsieur. Elle ne veut donc pas regarder la télé. Les possibilités d'action pour satisfaire leurs besoins respectifs, à savoir « regarder la télé » et « ne pas regarder la télé », sont visiblement incompatibles. D'où l'émergence d'un conflit.

- **Les conflits peuvent-ils être évités ?** Non, ils font partie de la nature humaine et représentent un élément important de notre développement car il favorise notamment la créativité, l'innovation, l'évolution intérieure et l'apprentissage.
- **La violence peut-elle être évitée dans les conflits ?** Oui. Selon les recherches des paléontologues, l'homme n'utilise la violence pour résoudre les conflits que depuis quelque 10 000 ans – ce qui n'est rien comparé aux 2 millions d'années de coexistence pacifique au sein de l'espèce humaine (William Ury, *The Third Side – Why we fight and how we can stop*).
- **Pourquoi voudrions-nous l'absence de conflits ?** Parce que nous savons d'expérience que les conflits dégénèrent et peuvent donner lieu à des actes de violence. Lorsque les parties concernées exercent une pression les unes sur les autres, se retirent ou ne cherchent pas à trouver une solution commune, il y

a toujours au moins un perdant et les relations sont mises à mal, voire détruites.

- **Qu'est-ce qui favorise les conflits ?** Marqués dès notre plus jeune âge par notre éducation et notre culture, nous apprenons les lois fondamentales de l'existence censées nous aider à vivre la vie qui est la nôtre. Malheureusement, certaines de ces lois reposent sur des convictions transmises de génération en génération qui ne font que renforcer les conflits. Voici des exemples de points de vue qui se perpétuent sans le recul nécessaire :
  - La dualité, qui interdit toute troisième voie : certaines choses sont bien, d'autres sont mal ; certains individus sont bons, d'autres méchants.
  - Des phrases telles que « Comment peux-tu me faire cela ? » nous laissent penser que nous sommes responsables de ce que l'autre ressent (et lui de ce que nous ressentons).
  - Nous pensons que les autres peuvent provoquer en nous des sentiments douloureux : « Tu m'as beaucoup blessée avec tes paroles ! »

Ces croyances dont nous avons hérité étant devenues partie intégrante de notre quotidien (et de notre langage usuel) et n'étant plus perçues de façon consciente, il est difficile de les décoder. Vous trouverez quelques clés pour les déchiffrer dans les chapitres « S'exprimer avec sincérité » et « Écouter avec empathie » .

Chauds ou froids – les deux types de conflits

Le conflit n'est pas toujours synonyme de dispute. Si vous avez conscience de cela, vous avez la possibilité de le gérer avant qu'il atteigne un stade où votre interlocuteur et vous cesserez de vous traiter avec respect. L'idéal est de réussir à désamorcer le conflit avant que vos limites personnelles ne soient atteintes et que vous manquiez des ressources nécessaires pour faire face à une aggravation de la situation. Quand on parle de conflit, il est utile de distinguer deux grands types de conflits : les conflits chauds et les conflits froids. Cette distinction s'appuie sur les travaux du professeur Friedrich Glasl.

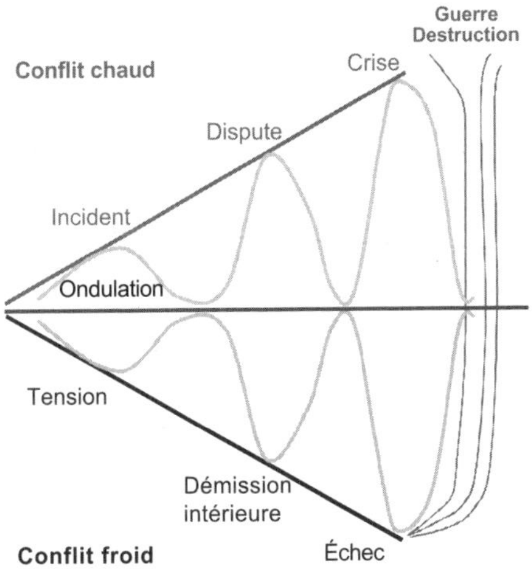

Les deux types de conflits.

Conflits chauds, manifestations émotionnelles

Les conflits chauds sont des conflits ouverts, caractérisés par la manifestation d'émotions. Le fait qu'ils soient exprimés au grand jour les rend plus faciles à gérer.

En général, ce type de conflit est déclenché lorsque l'une des parties rencontre un problème. Il peut être résolu rapidement, reporté ou se résoudre tout seul parce que des besoins plus importants à satisfaire deviennent prioritaires. Si ce n'est pas le cas et si la question revient sur le tapis, les conflits chauds ont tendance à dégénérer. Il suffit qu'il s'agisse d'un besoin fondamental non résolu ou que les disputes s'accumulent pour que ces conflits aboutissent à des crises et des séparations.

Exemple : je pensais que vous le saviez !

Monsieur Durand se voit toujours confier des missions délicates dont il se sort à merveille. Sa dernière mission a été un succès de plus. Mais son patron ne lui a manifesté aucune reconnaissance, ce qui l'énerve fortement. Il en parle à la secrétaire : « Il pourrait quand même dire qu'il est satisfait du résultat, non ? » La secrétaire lui répond : « Il est comme ça. Moi non plus il ne me félicite jamais. Il faut vous faire une raison ! » La mission suivante de monsieur Durand se déroule avec succès, comme d'habitude. Et, comme d'habitude, il attend un feedback positif de son supérieur. En vain. Lors d'une réunion de travail où il voit son patron très satisfait, il met les pieds dans le plat et lui demande : « Si vous êtes si satisfait

de mon travail, pourquoi ne me le dites-vous jamais ? » Le chef, déconcerté : « Mais je pensais que vous le saviez ! » Monsieur Durand lui rétorque : « Comment puis-je le savoir si vous ne me le dites pas ? Ne croyez-vous pas qu'au vu de tous les problèmes que j'ai résolus pour l'entreprise et de tous les ennuis que je vous ai épargnés, une petite parole de reconnaissance serait la bienvenue ? »
À ce stade, le conflit pourrait facilement dégénérer en dispute. Mais le supérieur de monsieur Durand assume sa part de responsabilité : « Il y a certainement du vrai dans ce que vous me dites, car ma femme m'a déjà fait ce reproche. »

Cet exemple montre que la dispute n'est qu'une forme de déroulement d'un conflit et que même les conflits chauds ne se terminent pas toujours par une dispute.

Conflits froids, tension muette

Contrairement aux conflits chauds, les conflits froids, c'est-à-dire latents, se déroulent sans communication verbale entre les parties. Le problème est là, mais n'est pas formulé.
Ce type de conflit commence par une tension, évolue en démission intérieure et dégénère en actes de sabotage. En général, s'il atteint le stade maximal, il explose et se transforme en conflit chaud particulièrement destructeur susceptible de se terminer par la guerre et l'anéantissement.

Exemple : les apparences sont trompeuses

Monsieur Launay a toujours été considéré comme le meilleur développeur au sein de son entreprise. Du coup, il vient d'être promu responsable du département recherche et développement. Selon lui, le responsable précédent avait trop tendance à déléguer et à différer les décisions à prendre. Tout naturellement, il prend le contre-pied de son prédécesseur et enchaîne les décisions. Ses collaborateurs sont agacés de voir qu'il a tendance à décider seul, en dehors des réunions de travail. La tension est grande et les collaborateurs de monsieur Launay ne peuvent discuter entre eux de ce problème et exprimer leur mécontentement que durant la pause-café. Certains disent : « Sa promotion lui a tourné la tête », d'autres : « Il va bientôt se prendre pour notre PDG ! » Des projets, des budgets et des mesures sont adoptés à l'occasion de la réunion de travail hebdomadaire. Le problème du dirigisme de monsieur Launay, de sa tendance à prendre les décisions sans consulter personne et à faire cavalier seul, n'est pas évoqué. Au terme de la réunion, monsieur Launay demande à ses collaborateurs : « Tout est clair ? Pas de questions ? » Personne ne répond. Silence total dans la salle. « Si tout est clair, c'est parfait ! » La réunion de la semaine suivante se déroule à l'identique, de sorte que monsieur Launay se dit que des réunions aussi rapprochées sont peut-être superflues. Il annonce : « Je pense que dorénavant des réunions mensuelles suffiront. Il n'y a pas eu grand-chose à dire au cours des dernières réunions hebdomadaires, ce qui est plutôt bon signe. Tout marche comme prévu, et c'est tant mieux ! » Il remarque que son annonce ne suscite pas un grand enthousiasme. Il en conclut que ses collègues n'ont pas encore digéré sa nouvelle fonction de responsable de département et espère que le temps guérira les blessures de ceux qui n'ont pas décroché cette promotion.

Une menace que tout le monde perçoit mais dont personne ne parle est beaucoup plus destructrice qu'un danger annoncé au grand jour et contre lequel on lutte. Comme les individus, les entreprises peuvent être malades de leurs secrets. (Richard Pascale)

Si le conflit continue d'être latent, on peut penser que la motivation des collaborateurs de monsieur Launay va diminuer, risquant de compromettre la réussite de l'équipe. Pour mieux comprendre les conflits froids, dites-vous la chose suivante : lorsque des individus communiquent, ils n'échangent pas seulement sur des faits concrets et de manière objective, mais sur leurs relations mutuelles et de façon subjective. C'est la partie immergée de l'iceberg (voir schéma page 30). Au sein des hiérarchies, l'attitude est empreinte de méfiance et de pensées hostiles. Les individus s'expriment à travers leur intonation et le langage de leur corps. Moins de 10% de la communication est verbale.

« Il n'y a aucun conflit chez nous ! »

Les estimations tirées de nombreux séminaires le montrent : dans les entreprises, plus de 90% des conflits sont des conflits froids. Notamment dans les configurations où règnent des rapports hiérarchiques très stricts, des règles du jeu tacites, un certain malaise ou une peur, on observe une augmentation des conflits larvés. Ces derniers sont particulièrement dangereux et risquent de compromettre la coopération parce qu'ils restent tabous et que personne n'ose les exprimer au grand jour. De plus, ils sont généralement perçus trop tard, comme en témoignent des exemples aussi divers que la crise immobilière ou la folie meurtrière de certains individus. Le coût des conflits froids est exorbitant. On pourrait comparer le règlement d'un conflit au surf. Il est plus facile de surfer sur une petite vague. N'attendez jamais que la vague devienne tellement haute que vous ne pouvez plus la maîtriser seul. Vous pouvez contribuer efficacement à apaiser un conflit latent sans être un professionnel de la CNV.

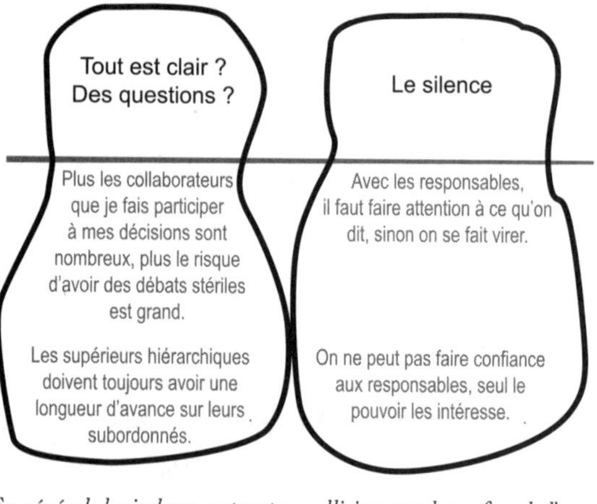

En général, les icebergs entrent en collision sous la surface de l'eau.

Exemple : les équipes gagnantes

Les équipes gagnantes se caractérisent, entre autres, par une conscience aigue de l'existence de conflits relationnels, chauds ou froids, entre les collaborateurs et/ou entre les collaborateurs et le chef d'équipe. C'est pourquoi elles prennent le temps d'organiser chaque année une ou deux réunions pour traiter les problèmes relationnels.

Les conflits dans l'entreprise : une aubaine

Optimisation des processus, introduction du tableau de bord prospectif et de la gestion de projet, création de valeurs et de modèles, nouvelles visions – les dernières décennies ont apporté tout cela, et bien d'autres choses encore, aux entreprises. Et pourtant, selon Winfried Berner, spécialisé dans le conseil en entreprise, le processus fondamental de la coopération reste à optimiser, car dans ce domaine, toutes les organisations subissent de lourdes pertes – des pertes par friction, car une énergie phénoménale est gaspillée dans les conflits. Dans les entreprises qui n'ont pas réellement développé une culture du conflit, il règne une harmonie apparente, trompeuse et particulièrement explosive qui se manifeste par des salariés démotivés, un taux élevé d'arrêts maladie, une rotation accrue des effectifs accompagnée d'une fuite des meilleurs éléments, des guerres de tranchées paralysantes et du harcèlement moral. Beaucoup de ces entreprises en subissent les conséquences, notamment sous forme de mauvaises décisions à l'origine de pertes financières. Elles ratent des opportunités sur le marché et leur compétitivité en pâtit.

Lorsqu'il manque une culture du conflit

Une culture du conflit insuffisante, voire absente, au sein des entreprises se reconnaît aux symptômes suivants :

- Les conflits sont considérés comme des erreurs du système ou des attaques contre les détenteurs du pouvoir. Ils continuent d'évoluer dans l'ombre.
- Les erreurs font l'objet d'un jugement moral en étant considérées comme des échecs. La peur du châtiment pousse les salariés à se protéger et à dissimuler leurs erreurs au lieu d'y voir là l'occasion d'apprendre et de tirer des leçons.
- La peur, le sentiment d'impuissance, la résignation et le surmenage ne sont pas permis, même s'ils existent bel et bien. L'énergie qui pourrait être employée à trouver des solutions est investie dans la dissimulation des émotions et des sentiments, dans des débats stériles, dans des compromis boiteux et dans des jeux de pouvoir destructeurs. Il n'y a plus assez d'énergie disponible pour le travail quotidien et la

créativité est en berne, car une ambiance sereine et détendue est nécessaire pour créer.

Au milieu des difficultés il y a des opportunités. (Albert Einstein)

Discuter d'égal à égal

L'ordre hiérarchique et la manière dont il est perçu par les salariés exerce une influence déterminante sur la culture du conflit au sein d'une entreprise. Les salariés ont-ils un comportement servile, une attitude méprisante ou discutent-ils entre eux d'égal à égal ? Le mode d'action et le comportement d'un individu dépendent de l'éducation qu'il a reçue de ses parents et de la manière dont il a appris à s'expliquer et à gérer les conflits.

Ne tombez pas dans le piège du manichéisme

Si nous avons été élevés dans un système de croyances où tout est noir ou blanc, bien ou mal, bon ou mauvais, nous aurons tendance à chercher la « bonne » solution. Qu'entendons-nous par « bonne » ? Par exemple, nous considérons que le chef doit s'imposer parce qu'il est de sa responsabilité de maintenir l'ordre. Ou que nous devons nous soumettre car notre mission est de servir l'entreprise et de laisser de côté nos besoins personnels.

Ou que nous devons nous taire pour ne pas compromettre la tranquillité de l'entreprise. Les exemples sont infinis, mais ont en commun une attitude du « il ne peut y avoir qu'un seul gagnant ».

Ce que réclame une situation gagnant-gagnant, c'est une attitude du « non seulement, mais encore... » et non du « ou bien, ou bien... ».

Si la plupart des individus ont du mal à développer l'attitude du « non seulement, mais encore... », c'est parce que l'accent est mis davantage sur les contraires et les différences que sur les points communs, que ce soit à la maison, dans l'entreprise ou dans les médias. Il est toujours question de bourreau et de victime, de gentil et de méchant, de bon et de mauvais, du haut de l'échelle et du bas de l'échelle. Nous apprenons que le pouvoir est inégalement réparti, ce qui nous incite à l'utiliser à notre profit et au détriment des autres.

Le pouvoir avec les autres et non sur les autres

Cela fait quelque 10 000 ans que nous avons perdu de vue la coopération, et c'est à cette époque que de nombreuses hiérarchies ont commencé à se former. Les hiérarchies déterminent qui peut donner des ordres à qui. Elles constituent donc une structure du pouvoir.

Dans les hiérarchies les plus strictes, le pouvoir peut être exercé de façon unilatérale, c'est-à-dire ne pas être partagé. Autrement dit, l'individu ou le groupe qui détient le pouvoir satisfait ses propres besoins sans se soucier de ceux des autres. Ceux qui tentent de s'y opposer mènent une rébellion pour essayer de satisfaire leurs propres besoins – ils font la même chose, mais d'en bas. Les jeux de pouvoir commencent. De tels mécanismes ont donné à la notion de pouvoir une connotation si négative que beaucoup ne veulent plus s'identifier ouvertement au pouvoir. Et pourtant, qui ne souhaite pas :

- Agir sur le cours de sa vie et prendre son destin en main ?
- Se réaliser et façonner son univers d'une manière créative ?
- Utiliser ses talents et ses capacités pour rendre le monde un peu plus beau et agréable à vivre ?

Ce sont des formes de pouvoir. Un pouvoir que tout le monde, ou presque, désire posséder. Quelle est la différence ? La plupart d'entre nous veulent exercer une influence en toute intégrité, se rapprocher de leurs objectifs sans nuire aux autres. En vertu de l'effet de synergie, ils veulent participer à la création de quelque chose de nouveau, d'un tout qui sera supérieur à la somme des parties. J'appelle cela le « pouvoir avec les autres ». Il s'agit de rencontrer les autres au sein d'un rapport d'égal à égal, d'en faire des alliés. Lors d'un conflit, l'individu qui tient autant compte des besoins des autres que de ses propres besoins sera enclin à chercher des solutions satisfaisantes pour tout le monde (vous trouverez un exemple de cette attitude à la page 148).

Quels avantages pour les cadres et les dirigeants ?

Si, en tant que cadre ou dirigeant, vous rencontrez vos collaborateurs « à hauteur d'yeux » (l'image est très parlante), vous obtenez de nombreux effets positifs :

- Vous comprenez plus facilement vos collaborateurs « difficiles » et pouvez recevoir leurs objections de manière constructive sans pour autant renoncer à votre propre point de vue.
- Vous gagnez en autorité et pouvez renoncer à un comportement dirigiste sans pour autant tomber dans le laisser-faire.
- Vous organisez des réunions plus efficaces et des discussions plus fructueuses au lieu de gaspiller 30% de votre temps dans des conflits non déclarés, comme c'est le cas dans la plupart des entreprises.
- Si vous établissez solidement les principes fondamentaux à respecter au sein de votre équipe, vos collaborateurs deviendront capables de résoudre eux-mêmes la plupart des problèmes et des conflits.

- Vous favorisez un climat qui privilégie la motivation intérieure des salariés mise au service de l'objectif de l'entreprise et non la rémunération, le titre ou l'échelon hiérarchique.
- Vous encouragez la communication interne et accélérez les décisions en tenant compte de l'avis des principaux intéressés. La rentabilité de l'entreprise augmente et sa valeur se maintient ou s'accroît.

La communication est l'outil principal d'une équipe dirigeante. L'attitude détermine la pensée. La pensée influence les paroles. Les paroles ont des effets positifs ou négatifs, constructifs ou destructeurs.

Parler sans violence

Supposons que l'un de vos collaborateurs arrive pour la troisième fois d'affilée à 8 h 10 au lieu de 8 h à la réunion du lundi. Votre équipe au complet attend son arrivée. Enfin, le voilà. Votre patience est à bout. Que lui dites-vous ? À votre place, beaucoup lui feraient des reproches, l'accuseraient ou le menaceraient d'une réprimande.

La violence dans notre langage

Au cours des derniers millénaires, nous avons développé un langage guerrier avec tout un arsenal d'armes verbales. Ce langage est tout sauf bienveillant, notamment dans les situations de conflit, et est perçu comme susceptible d'envenimer les choses. Aujourd'hui, il est normal de parler ainsi ! Certes, ces armes sont efficaces à court terme et vous offrent toutes les chances d'obtenir ce que vous voulez, mais à long terme elles entraînent une perte de confiance. Le langage joue un rôle-clé dans nos échanges avec les autres. Les paroles peuvent tout aussi bien favoriser des pensées hostiles qu'un sentiment de confiance. Si vous souhaitez aboutir à une situation gagnant-gagnant, renoncez autant que possible aux stratégies suivantes.

Les formes de manipulation et de violence verbales	
• Accuser	• Vouloir avoir toujours raison
• Ordonner	• Ménager
• Faire la leçon	• Se taire
• Faire taire	• Se mettre en retrait
• Menacer	• Feindre d'être d'accord
• Étiqueter (« Je suis… », « Tu es… »)	• Aider sans qu'on vous l'ait demandé
• Faire chanter	• Faire des reproches sur des choses passées
• Attendre de	• Comparer
• Exiger	• Refuser

Les formes de manipulation et de violence verbales	
• Généraliser	• Proposer des solutions à la hâte
• Donner des conseils	• Mettre en garde
• Ignorer	• Émettre des jugements de valeur
• Ridiculiser	• Demander toujours des comptes
• Faire du psychologisme	• Plaisanter

Et vous, que lui dites-vous à ce collaborateur en retard ? Utilisez-vous l'une des formes de manipulation ou de violence verbales énumérées ci-dessus ? Imaginez que vous avez devant vous un collaborateur que vous estimez et que vous voulez garder. Au lieu d'échafauder mille et une hypothèses, ne voudriez-vous pas plutôt savoir pourquoi il arrive régulièrement en retard aux réunions du lundi ? Pourquoi vouloir exercer une violence verbale si elle nous dessert ? En général, nous employons la violence verbale lorsque nous voulons vraiment obtenir quelque chose et ignorons comment procéder autrement. Si nous savions parvenir à nos fins sans animosité, à quoi nous servirait la violence ?

Parler à la première personne

Nous apprenons très tôt à chercher des coupables. Pour exprimer nos sentiments et nos besoins insatisfaits, nous avons tendance à porter des jugements moralisateurs sur les autres et à envoyer des messages à la deuxième personne. Chaque message à la deuxième personne est un message à la première personne raté – raté parce qu'il réduit considérablement vos chances d'obtenir ce que vous voulez. Lorsque votre interlocuteur entend qu'il est responsable de ce que vous ressentez, il est beaucoup moins disposé à vous écouter et à accéder à votre demande. Par conséquent, essayez de traduire vos messages à la deuxième personne en messages à la première personne.

Exemple : passer du « tu » accusateur au « je » responsable

L'attention porte sur…	
…ce que l'autre fait ou est :	…ce dont j'ai besoin :
Quel pot de colle tu fais !	J'ai besoin d'avoir mes coudées franches.
Tu ne comprends rien !	J'ai besoin que tu comprennes à quel point il m'est difficile d'expliquer la situation.
Tu te pares des plumes du paon !	J'ai besoin que tu reconnaisses que j'ai participé à cette réussite.

Les jugements moralisateurs sont une expression tragique de nos besoins insatisfaits. (Marshall B. Rosenberg)

Nouveau langage, nouveau mode de pensée

Avez-vous l'habitude de nourrir des pensées hostiles à l'égard des autres en cas de difficultés ? Jugez-vous leur comportement méchant, mauvais ou inadéquat ? Avez-vous tendance à considérer votre patron comme un exploiteur, votre collègue comme un parasite, l'enfant unique comme une erreur de la vie, la femme de votre voisin comme un dragon, son mari comme une lavette ? Avec de telles pensées, vous alimentez vos images hostiles, vous rompez le dialogue, vous vous isolez ou vous attaquez avec les moyens que vous avez sous la main. Au bout d'un certain temps, vous reconnaissez que vous avez exagéré et vos accusations se transforment en justifications, en regrets ou en autoaccusations. Le nouvel ennemi ? Vous-même. Vous vous demandez ce qui ne va pas chez vous pour que vous rencontriez toujours les mêmes situations. D'où vient ce manque de bienveillance ?

Notre éducation (et aujourd'hui de plus en plus les médias) nous incite à développer une attitude d'hostilité où prévaut le sentiment d'insécurité et où l'on doit se protéger du mal et des méchants, voire les combattre si nécessaire. Cette attitude alimente nos pensées quotidiennes, lesquelles s'expriment par notre comportement et notre langage, car nos paroles reflètent nos pensées. Cela signifie-t-il que vous êtes prisonnier de votre mode de pensée et que vous ne pouvez rien changer ? Bien sûr que non ! À tout instant, quels que soient votre âge et votre vécu, vous pouvez développer une vision de la vie plus paisible et plus positive.

C'est nous qui décidons de notre façon de voir le monde. Ce ne sont pas les autres.

Le petit exercice suivant vous permettra de prendre conscience de l'influence des mots que vous choisissez d'employer.

La liberté de décider

1. Pensez à trois choses que vous devez faire et prononcez à haute voix : « Je dois… »
2. Que ressentez-vous ? Vous ressentez probablement une pression, un sentiment désagréable de contrainte et de limite. Pourquoi ? Parce que vous abandonnez votre pouvoir à un pouvoir extérieur à vous. Dans une certaine mesure, vous vous sentez impuissant.
3. Remplacez le « Je dois… » par un « Je décide de faire…, parce que… »
4. Ressentez-vous une impression différente ?

Lorsque vous prenez vos responsabilités et êtes conscient de ce qui motive votre action – par exemple, en disant « Je décide de travailler parce que j'ai envie de contribuer au bonheur de ma famille » –, ce que vous éprouvez est différent. Quelques mots changent, et tout change. Et si vous avez toujours la même impression pénible de contrainte en prononçant « Je décide de faire… », c'est probablement parce que vous vous faites violence au lieu de chercher d'autres possibilités.

Exemple : nous avons toujours le choix

Question : « Où vas-tu ? »
Réponse n° 1 : « Je dois aller voir ma mère. »
Réponse n° 2 : « Je vais (ou ne vais pas) voir ma mère. »
La première réponse cède le pouvoir décisionnel à un pouvoir supérieur auquel il faut obéir et qui ne laisse pas le choix. Pourtant, un autre choix consisterait à ne pas y aller. La seconde réponse met en évidence la liberté de décision et le pouvoir décisionnel que chacun d'entre nous possède. Faites ce petit test : essayez de renoncer au « je dois faire » pendant une journée/une semaine et de le remplacer par « je vais faire » ou « je décide de faire ». Et il y a fort à parier que vous n'allez pas faire ou vouloir faire certaines choses.

À retenir – de la confrontation à la coopération

- Une attitude d'estime et de respect vis-à-vis de vous-même et des autres vous permet de trouver des solutions gagnant-gagnant au lieu d'entrer en concurrence.

- La communication non-violente (CNV) vous offre l'outil nécessaire pour résoudre des conflits de manière constructive.
- Un dialogue réussi, c'est-à-dire qui ne recourt pas à la violence, réclame deux conditions : s'exprimer avec sincérité et écouter avec empathie.
- Les conflits sont inévitables. Si vous les abordez de manière constructive, ils favorisent votre développement intérieur.
- Votre langage a souvent tendance à évoluer vers une surenchère de paroles violentes, un mot en entraînant un autre. En évitant d'accuser l'autre et en parlant à la première personne, vous mettez votre interlocuteur dans de meilleures dispositions à votre égard.
- Votre comportement reflète votre langage. Un nouveau comportement réclame une nouvelle façon de vous exprimer.

S'exprimer avec sincérité

La communication ne peut fonctionner que si les personnes s'écoutent et se comprennent. Pourtant, c'est loin d'être toujours le cas. Notre interlocuteur comprend souvent tout autre chose que ce que nous lui avons dit – et inversement. Se faire comprendre grâce à une sincérité à toute épreuve est l'une des deux conditions nécessaires à un échange réussi.

Dans ce chapitre vous allez découvrir :

- comment fonder le dialogue sur des bases justes en faisant des observations et non des interprétations (pages 48-55) ;
- pourquoi les sentiments sont si importants dans la communication et comment les exprimer (pages 55-67) ;
- comment identifier et exprimer vos besoins (pages 68-79) ;

- comment formuler des demandes et non des exigences dans un rapport d'égal à égal (pages 80-92).

Parler pour être entendu

Communiquer, c'est transmettre, recevoir et vérifier. Vous communiquez en permanence, que vous parliez, que vous vous taisiez (il y a des silences qui en disent long), que vous fassiez des gestes avec vos mains ou que vous regardiez par terre. Vous envoyez continuellement des signaux et des messages que votre interlocuteur interprète. Si vous voulez qu'il reçoive fidèlement ce qui correspond à votre intention, prenez conscience de ce que vous transmettez et de la manière dont vous le transmettez. Les quatre éléments suivants vous y aideront :

• L'observation	• Le besoin
• Le sentiment	• La demande

Même si ces quatre notions vous semblent familières, je vais préciser ce qu'elles signifient afin que vous puissiez les appliquer avec succès et les combiner selon les cas.

À l'aide d'un exemple simple, je vais vous expliquer la boucle gauche du huit couché de la page 22, à savoir « s'exprimer avec sincérité », en utilisant les quatre composantes ci-dessus.

Exemple : où sont les chiffres que je vous ai demandés ?

Hier, vous avez demandé à votre jeune collaboratrice, Sylvie Quenin, de vous envoyer les chiffres des ventes pour demain midi, car vous devez remettre votre rapport mensuel à votre supérieur après-demain. Sylvie Quenin vous a répondu après une légère hésitation : « D'accord, ce sera fait. » Mais le jour J, vous ne trouvez pas de courriel de sa part. Le mois dernier, les choses se sont passées exactement à l'identique.

Supposons que vous voulez aborder le problème et que des pensées du style « J'aurais dû y penser, c'était à prévoir, on ne peut absolument pas lui faire confiance ! » vous traversent l'esprit. Votre première réaction est probablement d'appeler votre collaboratrice et de lui dire : « Cela fait la deuxième fois que vous ne m'envoyez pas les chiffres des ventes en temps et en heure ! Pourquoi me laissez-vous toujours tomber ?! »

Si vous réagissez ainsi, ne confondez-vous pas « s'exprimer avec sincérité » et « dire ses quatre vérités à quelqu'un » ? En choisissant cette voie, vous avez peu de chance d'être entendu, surtout que commencer votre phrase par « Cela fait la deuxième fois que… » n'est guère propice à mettre votre collaboratrice dans de bonnes dispositions à votre égard. Il ne suffit pas de parler, encore faut-il parler de manière à être entendu, et c'est un art qui s'apprend.

> **Nous ne parlons pas pour dire quelque chose, mais pour être entendu.**

Les quatre composantes vous aident à développer l'attitude adéquate et à mettre en pratique la communication non-violente avec une confiance et une efficacité accrues. À chaque composante correspond une confusion typique à éviter absolument si vous ne voulez pas compromettre la réussite de votre conversation.

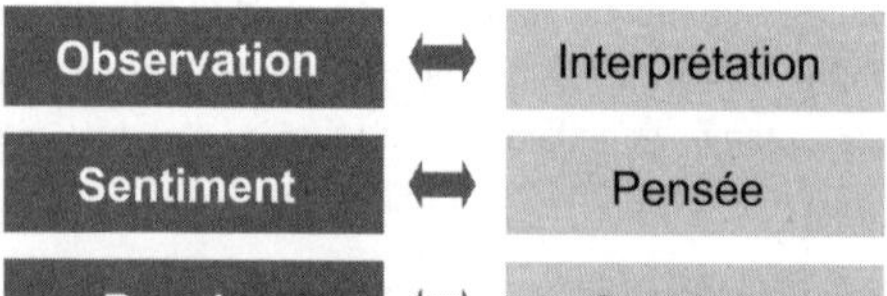

Quatre composantes, quatre différences fondamentales.

Observation ou interprétation ?

Vous réussissez à vous faire entendre si vous commencez par exprimer des faits sans y mêler vos interprétations.

Partir sur des bases justes

Votre interlocuteur se sent attaqué et se met sur la défensive dès qu'il perçoit des jugements moralisateurs ou des interprétations négatives dans vos observations. Nous avons le réflexe d'interpréter, mais nos interprétations s'avèrent souvent inexactes. Pour partir sur des bases justes, nous devons d'abord faire des observations précises et décrire ce que nous percevons sans faire de commentaires, à la manière d'une caméra ou d'un enregistreur. Ainsi, nous mettons toutes les chances de notre côté pour aboutir à terme à un consensus.

Savoir formuler des observations

- Présenter clairement la situation/le contexte : qui, quand, quoi…
- Décrire des faits perceptibles au niveau sensoriel : ce que vous avez vu, entendu, senti, touché ou ce que vous n'avez pas vu, pas entendu, etc.
- Rester sur vos propres perceptions : « J'ai vu… » au lieu de « Tout le monde peut voir que… » ou « Je vois clairement que… » au lieu de « Il est clair que… »
- Parler sans faire de commentaires, sans émettre de jugements moralisateurs, sans critiquer, sans interpréter, sans vous lancer dans des analyses ou des diagnostics.
- Décrire les choses sans noyer de paroles votre interlocuteur, ce qui l'inciterait à décrocher, mais en évitant d'être trop laconique, ce qui nuirait à sa compréhension. Bref, ne pas en dire trop, mais en dire assez pour vous faire comprendre.

Les pièges des observations

Nos interprétations et nos jugements moralisateurs nous créent des difficultés et rendent notre interlocuteur nettement moins disposé à coopérer. Tous les messages à la deuxième personne, toutes les accusations portées contre l'autre sont l'expression de nos propres sentiments et de nos besoins insatisfaits. Ils ne conviennent pas à la description de faits. Et, une fois exprimés, ils ne nous rapprochent pas de notre objectif, à savoir de mettre les choses au point en toute honnêteté.

Exemple : observer au lieu d'interpréter

Formes d'interprétation	Formulations à partir de constatations
Interprétation : « Vous ne m'avez pas envoyé les chiffres des ventes ! »	« Je ne trouve pas les chiffres que vous m'avez envoyés. » Ils sont peut-être dans le courrier interne qui n'a pas encore été ouvert ou ils ont été assimilés à des spams.
Jugement moralisateur : « Vous m'avez encore laissé tomber ! »	« Si je ne me trompe, cela fait la deuxième fois dans le mois que nous nous retrouvons face à une telle situation. »
Analyse : « J'aurais dû m'y attendre ! »	« Je me demande si je n'aurais pas dû me charger moi-même de cette tâche. »
Diagnostic : « On ne peut pas lui faire confiance ! »	« Jusqu'à présent, il me semble que vous m'avez toujours remis ces chiffres à temps. »

Vous voulez arrêter de ruminer et vivre sans vous torturer l'esprit ? Prendre les choses avec plus de légèreté et de sérénité ? Alors concentrez-vous sur les faits observés au lieu de vous laisser aller à des interprétations et des jugements inutiles. Ce ne sont pas les occasions qui manquent de vous exercer, que ce soit devant la télévision, dans les transport ou lors d'une réunion.

Quand nous restons enfermés dans le cercle infernal des jugements

Bien sûr, dans l'exemple précédent, Sylvie Quenin n'est pas non plus à l'abri des jugements.

> **Exemple : où sont les chiffres que je vous ai demandés ? (suite)**
>
> Supposons que les pensées suivantes traversent l'esprit de Sylvie Quenin : « Oh, mince ! je les ai mis à la poubelle. » → « Mais avec cette chef, on ne peut pas discuter ! » → « Peut-être suis-je tout simplement incapable de m'entendre avec mes supérieurs ? » → « Heureusement que je ne suis pas comme ça avec mes collègues ! » → « À bien y repenser, dans la dernière entreprise où j'étais, je ne m'entendais pas non plus avec mon patron, cela doit venir de moi ! » → « Une fois encore, je suis responsable de tout ! » → « Et si je pouvais enfin arrêter de me torturer l'esprit ! »

Ce cercle infernal des jugements portés sur soi comme sur les autres et qui se résume à trouver le coupable –

est-ce vous ou est-ce l'autre ? – est la porte ouverte à l'état dépressif.

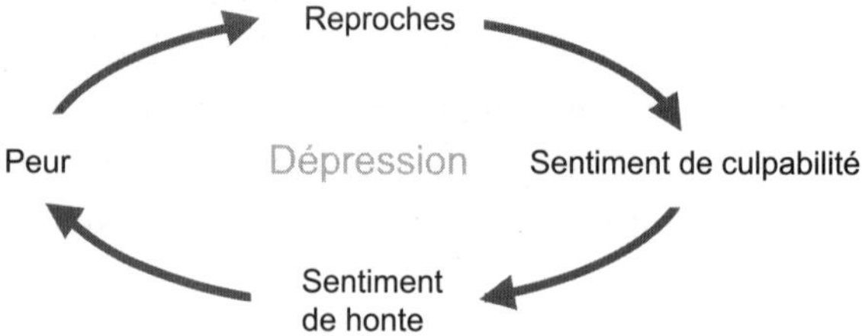

Le cercle infernal des jugements.

Sylvie Quenin peut sortir de se cercle infernal en prenant du recul pour observer ce qui se passe en elle. Elle regarde de l'extérieur la pièce de théâtre – un drame, en l'occurrence – dont elle est le metteur en scène. En prenant ainsi de la hauteur, elle peut examiner attentivement ce qui se joue dans cette affaire et identifier les raisons de ses sentiments. Elle retrouve alors sa capacité d'action.

Nous ne pouvons pas nous empêcher de porter des jugements

Il est dans notre nature de porter sans cesse des jugements. Mais la question est de savoir si nous portons notre attention sur ce que les autres font ou sur ce que nous faisons « mal » ou sur ce dont nous avons besoin. Plus vous réussirez à porter votre regard sur les faits observables et les besoins qui se cachent derrière, moins vous aurez tendance à porter des jugements moralisateurs. Toutefois, ces jugements vous sont utiles sur l'instant. Pourquoi ? Parce qu'ils peuvent vous ouvrir les yeux, vous permettre d'identifier les besoins et les désirs qui se cachent derrière. Il ne s'agit donc pas de cesser de porter des jugements, mais de ne plus les jeter à la figure de vos interlocuteurs. Utilisez-les plutôt pour vous aider à découvrir comment rendre votre vie plus agréable.

Ce qui trouble les hommes, ce ne sont pas les choses, mais les jugements qu'ils portent sur ces choses. (Épictète)

Que se passerait-il dans la tête de Sylvie Quenin si, dans la même situation, elle tournait son regard vers ses besoins ? Elle se dirait les choses suivantes : « En effet, je n'ai pas respecté le délai qui m'était imparti. J'étais débordée, mais comme j'ai tendance à vouloir rendre service et que je ne voulais pas subir de reproches, je n'ai pas dit non à ma chef. Elle aurait demandé à quelqu'un d'autre. Je me disais que je ne pouvais pas ne pas dire oui. Et je le regrette, car je me rends compte combien il est important pour moi que les autres puissent me faire confiance. Et je constate que j'ai plus de mal à exprimer mes regrets sincères qu'à dire tout simplement pardon. » Suite à cette réflexion, Sylvie Quenin aura toutes les chances de se réconcilier avec sa chef.

Et cela concerne également la chef en question. Elle ne voit pas le courriel de sa collaboratrice dans sa boîte de réception, c'est un fait. Mais ce qu'elle fait ensuite de cette observation la regarde. Il ne tient qu'à elle de se pourrir la vie. En revanche, si elle réussit à exprimer les choses telles qu'elles sont, sans juger, elle a toutes les chances de clarifier la situation par un dialogue dépourvu d'animosité.

Exemple : où sont les chiffres des ventes que je vous ai demandés ? (suite)

La chef : « J'avais compris que vous alliez m'envoyer les chiffres avant ce midi, mais je ne vois aucun courriel de votre part dans ma boîte de réception. » (simple observation)

Test : Vos observations sont-elles dénuées de tout jugement ?

- Vérifiez si votre interlocuteur pourrait vous dire : « Non, ce n'était pas ce qui était convenu ! » S'il vous donne des arguments, c'est qu'il a certainement perçu que vous aviez une interprétation (négative) en tête.
- Vérifiez que vous n'employez pas les mots « tu » ou « vous » d'un ton accusateur.

- Essayez-vous d'avoir raison ? Demandez-vous si vous êtes prêt à vous tromper.
- Trouvez-vous une interprétation positive ? En cas de conflit, 90% de nos interprétations sont négatives. Par exemple, au lieu de vous dire « Elle n'a pas pu recommencer ! », dites-vous « Elle a sans doute une raison pour avoir agi ainsi, et cette raison n'a peut-être rien à voir avec moi ! »

Exprimer ses sentiments plutôt que ses pensées

À ce stade, vous avez réussi à formuler vos observations sans interpréter et sans porter de jugement, autrement dit de façon neutre et impartiale. Pourquoi aborder maintenant la question des sentiments ? Cela ne complique-t-il pas à nouveau les choses ? Il suffit de considérer ce dialogue entre le mari et la femme :

- La femme : « Veux-tu savoir ce que je ressens ? »
- Le mari : « Non, merci ! »

Pourquoi nous évitons d'exprimer notre ressenti

Il existe de multiples raisons pour lesquelles on ne veut pas écouter, sentir ou dire ses sentiments :

- « Il me tombe dessus des sentiments inopportuns, d'une intensité inadaptée et au mauvais moment. Le pire, c'est que je ne peux rien y faire. Je suis régulièrement livré à eux, ils sont incontrôlables et donc dangereux. Je ne comprends pas comment ils naissent et en quoi ils pourraient être positifs. »

- Parfois je ne sais tout simplement pas ce que je ressens. Ma femme ne cesse de me tourmenter en me posant des questions sur mes sentiments, mais il m'arrive de ne rien éprouver. Que puis-je bien lui répondre ?
- Vous avez entendu trop souvent que vous étiez responsable des sentiments d'autres personnes. du style : « **Je** suis en colère parce que **tu** arrives encore en retard ! »
- Vous avez vécu des expériences désagréables avec des jugements moralisateurs déguisés en sentiments portés par d'autres personnes, du style : « Je sens bien que quelque chose ne va pas chez toi ! »
- Vous avez vécu de façon pénible les réactions d'autres personnes lorsqu'elles ont exprimé leurs sentiments, du style : « Dès que je dis à mon mari que je suis triste, il me donne des conseils et me répond : Courage ! Ça va aller mieux ! »
- Le sens des différents sentiments et émotions reste une énigme pour vous, vous croyez qu'il existe des sentiments bons/positifs comme la joie et des sentiments mauvais/négatifs comme la peur ou la résignation.

Au sein de l'entreprise, l'expression des sentiments est évitée pour d'autres raisons. D'abord, on nous a appris que montrer ses sentiments est un signe de faiblesse. Ensuite, nous pensons que la raison est bien plus valable que les sentiments, lesquels sont considérés comme des choses irrationnelles dont il faut plutôt se méfier. Enfin, les sentiments compliquent, voire empêchent, les décisions rationnelles et raisonnables.

Les sentiments sont des informations importantes

Des études ont montré que nous sommes constamment en proie à des sentiments ou des émotions qui changent au moins toutes les 40 secondes, à l'exception du chagrin qui peut durer beaucoup plus longtemps. Ce qui signifie que quoi que nous décidions ou clarifions, notre ressenti est là, que nous en ayons conscience ou non. Par conséquent, élucider une situation de façon purement objective est tout bonnement impossible. Même si nous réprimons et refusons de montrer nos sentiments, ils sont là.

Comment naissent les sentiments et quelle est leur origine ?

Lorsque vous connaissez le sens et l'origine des sentiments, ils perdent leur aspect effrayant et deviennent une aide précieuse dans votre relation à vous-même et aux autres.

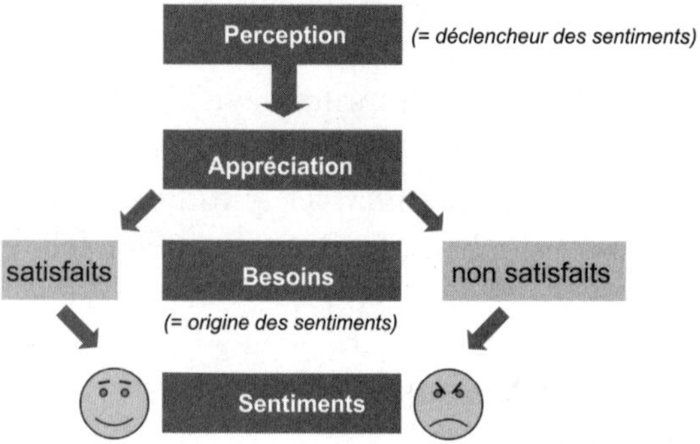

Comment naissent les sentiments.

Exemple : un collègue absent à une réunion

Supposons que l'un de vos collègues ne vient pas à la réunion du lundi matin. Personne n'a été prévenu de son absence. Il était également absent le lundi précédent. C'est ce que vous percevez. Aussitôt, votre cerveau apprécie la situation.

a) Si vous aviez l'intention de profiter de cette réunion pour vous mettre d'accord avec lui sur un projet commun, votre besoin de faire avancer les choses reste pour la seconde fois insatisfait. Vous êtes frustré.

b) Si vous pensiez que sa présence allait être un obstacle de plus à l'acceptation de votre projet, votre besoin de faire avancer les choses est satisfait parce que cela fait un contradicteur de moins présent à la réunion. Vous vous réjouissez.

c) Si vous comptiez sur votre collègue pour appuyer un projet qui vous tient à cœur, votre besoin de soutien reste insatisfait. Vous n'êtes pas sûr de vous.

Le collègue se comporte à l'identique dans les trois situations, et pourtant il peut susciter des sentiments radicalement différents (frustration, joie, insécurité intérieure). Il ne peut pas être à l'origine de vos sentiments, mais seulement le facteur déclenchant. Ce sont vos différents besoins (faire avancer les choses, être soutenu) qui sont à l'origine de vos sentiments.

Nos sentiments peuvent être déclenchés par des facteurs extérieurs, mais leur origine est à l'intérieur de nous.

Un besoin étant, en soi, intangible, la nature nous a donné des sentiments et des émotions pour nous permettre de savoir que nous avons besoin de quelque chose ou de répéter l'accomplissement gratifiant de certains besoins. Les sentiments sont des résultats, ils vous signalent si vos besoins ont été satisfaits ou non. Si vous désirez rendre votre vie (et celle des autres) plus agréable, votre capacité à identifier et à exprimer de façon nuancée toute une palette de sentiments vous aidera considérablement.

Développer un vocabulaire affectif

Si, pendant cinq minutes, vous écrivez ce que vous ressentez, vous allez rapidement vous retrouver avec une liste de sentiments plus ou moins longue. Notre langue nous offre la possibilité d'exprimer nos sentiments de manière beaucoup plus nuancée que « Je vais bien » ou « Je vais mal ».

Sentiments qui résultent de la satisfaction d'un besoin	
• vous êtes excité	• vous êtes plein d'espoir
• vous êtes touché	• vous êtes enthousiasmé
• vous êtes reconnaissant	• vous êtes plein d'amour
• vous êtes galvanisé	• vous êtes motivé
• vous êtes comblé	• vous êtes plein d'entrain
• vous êtes soulagé	• vous êtes apaisé
• vous êtes libre	• vous êtes rassasié
• vous êtes en paix	• vous êtes confiant
• vous êtes heureux	• vous êtes ragaillardi
• vous êtes rassuré	• vous êtes fier
• vous êtes joyeux	• vous êtes étonné

Sentiments qui résultent de la non-satisfaction d'un besoin	
• vous êtes tendu	• vous êtes piqué au vif
• vous êtes anxieux	• vous êtes désespéré
• vous êtes énervé	• vous êtes impuissant
• vous êtes furieux	• vous êtes agacé
• vous êtes préoccupé	• vous êtes déboussolé
• vous êtes désolé	• vous êtes malade
• vous êtes déprimé	• vous êtes fatigué

Sentiments qui résultent de la non-satisfaction d'un besoin	
• vous êtes perturbé	• vous êtes épuisé
• vous êtes seul	• vous êtes abattu
• vous êtes découragé	• vous êtes amer
• vous êtes déçu	• vous êtes honteux
• vous êtes frustré	• vous êtes fautif
• vous êtes mal à l'aise	• vous êtes inquiet
• vous êtes en colère	• vous êtes blessé

Pourquoi exprimer des sentiments ?

Lors de la résolution d'un conflit, votre disposition d'esprit et humeur du moment influencent le déroulement de la conversation. Il s'agit d'une information importante pour votre interlocuteur. La frustration que vous exprimez est un indice précieux qui lui montre que vous avez été déçu. Il n'aurait pas pu le savoir si vous vous étiez contenté de lui dire « Ça ne va pas » sans rien ajouter.

Exemple : deux phrases qui ne produisent pas le même effet

« Notre équipe doit atteindre ses objectifs, à savoir… » ou « Je ne suis pas certain que nous réussirons aussi facilement à relever le défi que nous nous sommes lancé, et j'ai quelques inquiétudes, mais en même temps j'ai confiance dans l'équipe que nous formons et bon espoir de recevoir le soutien de nos collègues australiens. »

Si vous exprimez vos sentiments avec l'attitude de quelqu'un qui les assume pleinement, vous créez davantage de proximité et inspirez confiance – les autres y voient un côté humain, se disent que vous êtes comme eux, et cela les rassure. Alors oui, montrer ses sentiments est fort utile !

Exprimer ses sentiments – les pièges à éviter

Comme avec l'observation dénuée de tout jugement (pages 48-55), il faut être prudent avec l'expression des sentiments et ne pas confondre sentiments et jugements. Voici cinq pièges typiques à éviter.

Confondre sentiments et pensées/opinions

Test : Éprouver un sentiment ou penser être victime de... ?

Imaginez que quelqu'un que vous connaissez bien prononce devant vous les phrases suivantes. Lesquelles ne vous mettraient pas dans de bonnes dispositions à son égard ?

- « J'ai le sentiment que tu profites de moi. »
- « Je suis triste. »
- « Je me sens ridiculisée. »
- « Je suis mal à l'aise. »
- « Je me sens manipulé. »
- « Je suis très énervé. »

Tant que nous confondrons sentiments et pensées (qui jugent), nous continuerons d'avoir peur des sentiments. Notre langage au quotidien peut être déconcertant à cet égard. Mais la CNV est justement là pour nous inciter à être attentifs à la différence.

Sentiment ou jugement ?

- « J'ai le sentiment que... tu as quelque chose qui ne va pas. » → Ne vous laissez pas prendre : toutes les phrases qui commencent par « J'ai le sentiment que » se poursuivent par un jugement et non par un sentiment.
- « Je me sens comme... un pantin. » → Les comparaisons imagées autorisent les interprétations les plus diverses. Il ne s'agit pas véritablement de l'expression d'un sentiment. Savez-vous comment se sent un pantin ?
- « Je me sens... + participe passé qui décrit ce que quelqu'un d'autre nous fait, par exemple : « Je me sens trompé/trahi/abandonné. » → Les pensées en vertu desquelles nous nous posons en victimes sont des jugements sur le comportement des autres. Nous rendons les autres responsables de nos sentiments. Reprenez la responsabilité de vos sentiments en disant par exemple : « Quand je pense que l'autre m'a trompé, je me sens complètement démuni. »
- « Je me sens... parce que tu as fait (n'as pas fait) telle ou telle chose. » Par exemple : « Je suis déçue parce que tu n'as pas fait la vaisselle. » → Il s'agit d'un message à la deuxième personne qui fait porter

à l'autre la responsabilité de votre sentiment. Vous êtes déçue parce que vos besoins n'ont pas été satisfaits. Prenez la responsabilité de ce que vous éprouvez en disant par exemple : « Je suis déçue parce que j'ai besoin de pouvoir compter sur toi. »

Même si vous exprimez comme il faut vos sentiments (« Je suis déçu… »), il est toujours possible que votre interlocuteur prenne pour lui ce que vous lui dites (« Je suis déçu par toi ») parce qu'il est habitué à ce que vous lui fassiez des reproches. Pour savoir comment résoudre ce problème, reportez-vous au chapitre « Écouter avec empathie ».

Exprimer plus de sentiments que l'autre ne peut en entendre

Lorsque nous prenons davantage conscience de nos sentiments et sommes capable de les nommer de façon plus nuancée, nous essayons parfois d'en exprimer le maximum dans l'espoir que notre interlocuteur les entende.
Lorsque nous exprimons de nombreux sentiments à la suite, notre interlocuteur risque d'y voir, non pas une information sur notre ressenti, mais une critique. Alors un bon conseil : n'exprimez que le sentiment que vous éprouvez le plus intensément ici et maintenant.

Si vous ressentez plusieurs sentiments de force égale, vous pouvez dire : « ...Et cela suscite toutes sortes de sentiments au fond de moi. »

Exemple : Un mari submergé...

La femme : « J'avais compris qu'aujourd'hui tu faisais la vaisselle. Mais je vois qu'elle est restée dans l'évier. (Observation). Je suis déçue, extrêmement déçue, et même profondément triste, en colère et... » Il y a de fortes chances qu'à ce stade son époux ait cessé de l'écouter et allumé la télé en lui répondant distraitement « Oui, oui ».

Croire que certains sentiments n'ont aucun sens

Lorsque vous comprenez le sens d'un sentiment, vous ne voulez renoncer à aucun des « mauvais sentiments », car tous font partie de la vie, de votre vie. Les qualificatifs « mauvais » ou « négatifs » reflètent des jugements de valeur qui nous incitent plutôt à réprimer nos sentiments, à les fuir dans l'activisme ou à les subir – autant de façons de ne pas avoir à comprendre leur sens. Certains sentiments ont un sens plus facile à déchiffrer que d'autres. Combien de temps vivrez-vous si vous ne sentez pas votre soif, votre faim ou votre fatigue ? Inutile de vous faire un dessin, n'est-ce pas ?

Exemple : qu'est-ce qui se cache derrière la résignation de Jean ?

Les tentatives de Jean pour convaincre sa mère de s'occuper de sa santé sont vaines. Ses regards inquiets ne marchent pas. Ses paroles ne portent pas. Il n'a pas sur elle l'influence qu'il voudrait. Il se sent lentement gagné par la résignation. Ce qu'il ne supporte pas, car on lui a toujours dit : « Tu ne dois jamais abandonner, c'est un signe de faiblesse ! » Alors il continue d'argumenter – sans succès. Au bout de dix minutes, il décide de prendre le temps de réfléchir à ce que ce sentiment pénible de résignation peut vouloir dire. Il se sent soulagé lorsqu'il entend en lui une petite voix lui répondre : « Lâcher prise. »

Utiliser la colère pour masquer son véritable sentiment

Contrairement à beaucoup d'autres sentiments, le sentiment de colère nous sépare de notre interlocuteur. Son message implicite est le suivant : Mes besoins ne sont pas satisfaits. J'en impute la faute à l'autre. Je me dis que l'autre « doit » ou « devrait » ou « aurait dû ». Du coup, l'autre tente de se protéger et adopte une attitude défensive. Or, derrière la colère se cachent souvent des sentiments tels que la frustration, la déception, la tristesse, le sentiment d'impuissance, l'inquiétude, la peur, etc. Reprenons l'exemple de la chef de service qui demande les chiffres des ventes à sa jeune collaboratrice, Sylvie Quenin. Elle remarque que le premier sentiment qu'elle perçoit en elle est de la colère. Mais elle découvre que derrière cette colère se cache en réalité une grande déception.

Exemple : où sont les chiffres des ventes que je vous ai demandés ? (suite)

La chef : « J'avais compris que vous alliez m'envoyer les chiffres des ventes avant ce midi, mais je ne vois aucun courriel de votre part dans ma boîte de réception. Je suis déçue… » (sentiment)

Exprimer systématiquement ses sentiments

Il est préférable de renoncer à exprimer ses sentiments dans certains contextes – par exemple, dans les entreprises où parler de son ressenti est tabou ou dans des discussions où vous craignez que l'autre se sente responsable de ce que vous éprouvez ou se sente refait. Exprimer vos sentiments risquerait de mettre votre interlocuteur dans de mauvaises dispositions à votre égard. Mais ce n'est pas pour autant que vous ne devez pas avoir conscience de ce que vous éprouvez. Car comme il a été souligné précédemment, nous ne pouvons pas percevoir nos besoins, mais seulement les sentiments suscités par la satisfaction ou la non-satisfaction de ces besoins.

Exprimer ses besoins plutôt que des stratégies pour les satisfaire

Tout comme nos sentiments et nos émotions, nos besoins changent et évoluent en permanence. Ils motivent nos actions et, à chaque instant, nous nous efforçons de les satisfaire. Par conséquent, nous ne sommes naturellement ni égoïstes (mais seulement soucieux de satisfaire nos propres besoins) ni désintéressés (seuls comptent les besoins des autres), mais simplement désireux de voir nos besoins et ceux des autres satisfaits. Derrière cette constatation se cache un principe de vie fondamental que Kazuo Inamori, entrepreneur charismatique et moine bouddhiste, décrit ainsi : « Les hommes n'ont pas de vocation plus élevée que celle de contribuer au bien de l'humanité et de la société. »

Toutes nos actions visent à essayer de satisfaire nos besoins et ceux des autres, de rendre notre vie et celle des autres un peu plus belle. Une affirmation qui vous étonne au vu de tout le sang répandu sur cette terre, n'est-ce pas ?
En réalité, le problème tient à notre manque de conscience de la différence qui existe entre nos besoins et nos stratégies d'action pour les satisfaire. Lorsque vous exprimez vos besoins :

- Vous augmentez vos chances d'être entendu parce que vous montrez que vous êtes humain, c'est-à-dire comme tout le monde.
- Vos intentions sont plus faciles à comprendre par vos interlocuteurs.
- Vous encouragez votre interlocuteur à coopérer avec vous.
- Vous augmentez vos chances de les voir satisfaits puisque vous commencez par laisser de côté les stratégies d'action à employer, ce qui ouvre la porte à des possibilités auxquelles vous n'auriez peut-être pas pensé.

Des besoins humains universels

Reconnaître que tous les êtres humains (supérieur, collaborateur, homme, femme, enfant, enseignant, élève, bandits, président…) partagent les mêmes besoins fondamentaux permet de créer de nouvelles possibilités de rendre notre vie plus agréable à vivre. Manfred Max-Neef, économiste chilien et récipiendaire du prix Nobel alternatif en 1983, a découvert que tous les individus partagent neuf besoins fondamentaux – indépendamment du sexe, de l'âge, de la culture, de la race ou de la religion. Suite à ses recherches, Marshall B. Rosenberg a abouti à une liste similaire qui nous donne une première clé pour identifier ou clarifier nos besoins.

Neuf besoins fondamentaux et leurs variantes	
besoin fondamental	**variantes**
• survie	• protection, sécurité
• amour	• attention, contact, intimité
• compréhension	• empathie, sensibilité
• sincérité	• ouverture, authenticité
• appartenance	• participation, coopération
• créativité	• jeu, repos, détente, loisirs
• liberté	• autonomie, autodétermination
• célébration	• fête, deuil
• sens	• identité, réalisation de soi

Qui n'aime pas être aimé, être compris ou être libre ? Dans mes séminaires, je n'ai encore jamais rencontré un seul individu prêt à renoncer à la satisfaction de l'un de ces besoins pour le restant de ses jours. Nous partageons tous ces besoins, même si nous n'avons pas tous les mêmes besoins au même moment. Dans des situations relationnelles difficiles, réussir à clarifier mutuellement ses besoins favorise la disposition à coopérer des deux parties.

Lors d'une dispute, le désir d'être pris au sérieux est aussi grand des deux côtés. (Marshall B. Rosenberg)

Vos sentiments vous mettent sur la piste de vos besoins

Comme vous avez pu le voir sur le schéma de la page 58, les besoins et les sentiments sont étroitement liés. Malheureusement, à un sentiment donné ne correspond pas un besoin donné, un sentiment pouvant être en rapport avec différents besoins.

Exemple : un sentiment – différents besoins

Votre patron a demandé à votre collègue de diriger un projet important pour le service dans lequel vous travaillez. Vous êtes déçu, car les discussions des dernières semaines vous avaient donné bon espoir de prendre la responsabilité de ce projet. À présent, vous pouvez vous demander : Suis-je déçu parce que : a) pour avoir confiance en moi, j'ai besoin de savoir que mon travail est apprécié et qu'on m'estime b) j'aurais voulu une nouvelle occasion de poursuivre mon ascension c) je cherchais à relever un challenge qui m'aurait permis d'exploiter d'autres aspects de mon potentiel et de repousser mes limites ?

Parmi ces différents besoins, comment identifier votre véritable besoin ? Votre réaction intérieure à la lecture des questions a) à c) vous indique le besoin qui est prioritaire pour vous en ce moment. Car les stratégies d'action résultant de ces besoins peuvent être très différentes ! Pour satisfaire le besoin a), vous allez peut-être établir une liste de tout ce que vous appréciez dans votre manière de travailler ou demander à un collègue de citer trois choses qu'il apprécie dans votre manière de travailler. Pour satisfaire le besoin b), vous pouvez aller voir votre supérieur et lui demander quels progrès vous devez faire, à son avis, pour pouvoir mener le prochain grand projet du service. Pour satisfaire le besoin c), vous n'avez qu'à chercher une mission délicate ou un sujet brûlant que personne n'a osé aborder dans l'équipe et voir si vous vous sentez d'attaque pour relever ce défi.

Plus la situation est d'importance, plus vous devez clarifier vos besoins. Car tant que vous n'aurez pas cerné précisément vos besoins, vos actions ressembleront à une loterie. Imaginez que vous décidez de traiter ce problème particulièrement épineux qui traîne depuis des années au sein de votre service. Mais que vous vous rendez compte que ce n'est pas tant de réaliser pleinement votre potentiel que d'être apprécié (pour vous estimer davantage) qui vous importe. Et dans l'équipe, tout le monde rouspète parce que vous risquez de remuer de vieilles histoires. Vous recevez tout sauf l'approbation des autres. Votre déception ne va pas tarder à se transformer en frustration parce que votre stratégie d'action n'est pas adaptée à votre besoin. C'est l'une des raisons de nos frustrations au quotidien : nous avons la solution avant de savoir quel est vraiment le problème.

> **Exemple : des conseils qui nuisent au lieu d'aider**
>
> La femme : « Mon patron est fatigant, il n'arrête pas de me donner des choses à faire le soir à la dernière minute. » Le mari : « Tu n'as qu'à refuser ! Défends-toi ! Il faut qu'il comprenne qu'il ne peut pas faire de toi ce qu'il veut. » La femme : « Arrête avec tes conseils, je sais bien ce que j'ai à faire ! » Le mari : « Alors pourquoi m'en parles-tu ? Qu'attends-tu de moi ? »

Tant que le mari ne comprendra pas que sa femme souhaite qu'il se montre empathique et comprenne sa frustration, ses conseils ou ses tentatives pour la calmer ne serviront à rien, car les stratégies qu'il emploie ne répondent pas à ce qu'elle cherche. Son désir de la soutenir se termine en frustration. Qu'aurait-il dû lui répondre ? Dans 80 % des cas, une simple présence, mais une vraie présence, suffit à montrer qu'on comprend l'autre. Pour les 20 % restants, reportez-vous au chapitre sur l'écoute empathique (page 93 et suivantes).

Ce qui caractérise les besoins

Les besoins :

- sont abstraits ;
- sont formulés de façon positive ;
- sont partagés par tous les êtres humains, indépendamment de leur culture, de leur position sociale, de leur âge, de leur sexe ou de leur religion ;
- sont liés à nos sentiments du moment ;
- peuvent être satisfaits par les stratégies les plus variées.

Voici quelques exemples de besoins humains. La liste n'est pas exhaustive, bien sûr.

Liste de besoins non exhaustive		
• soin, attention	• aide	• changement
• acceptation	• sécurité	• tranquillité
• reconnaissance	• appartenance	• détente
• adéquation	• plaisir	• protection
• esthétique, beauté	• crédibilité	• survie
• sincérité	• harmonie	• confiance en soi
• égalité	• humour	• estime de soi
• authenticité	• identité	• sexualité
• autonomie	• inspiration	• sens
• équilibre	• intégrité	• jeu
• contribution	• clarté	• spiritualité
• mouvement	• coopération	• transparence
• distance	• créativité	• soutien
• efficacité	• amour	• compréhension
• honnêteté	• partage	• confiance
• empathie	• loisirs	• diversité
• sérieux	• proximité	• chaleur
• équité	• ordre	• respect
• célébration	• paix	• bienveillance
• souplesse	• présence	• fiabilité

Reconnaître ses besoins

Il n'est pas toujours facile de percevoir quels besoins sont à l'origine de nos sentiments ou de nos jugements. Voici quelques conseils pour vous aider à mieux les discerner :

- Nommez précisément vos sentiments. Vous allez vous apercevoir que de nombreux sentiments laissent facilement transparaître le besoin :

Exemple

Sentiment	Besoin
Je me sens désemparé	J'ai besoin d'aide
Je me sens en état de faiblesse	J'ai besoin de force
Je ne suis pas au clair avec moi-même	J'ai besoin de clarté
Je ressens une insécurité intérieure	J'ai besoin de sécurité

- Utilisez vos jugements moralisateurs pour dépister vos besoins. La méthode des contraires vous facilitera la tâche. Voici deux exemples :

  « Tu es tellement sans-gêne ! » Contraire : « Tu es plein d'égards. » → votre besoin : recevoir de la considération.

  « Tu ne devrais pas conduire si vite, c'est dangereux ! » Contraire : « Tu ne conduis pas trop vite pour que je me sente en sécurité. » → votre besoin : être en sécurité.

- Parcourez la liste des besoins ci-dessus et voyez celui qui vous interpelle spontanément. S'il y en a plusieurs, essayez d'identifier celui qui est le plus important pour vous en ce moment.
- Pensez à un cadeau que vous aimeriez vraiment recevoir. Qu'est-ce qu'il signifierait pour vous ? (Par exemple « Mon plus beau cadeau, ce serait d'entendre un responsable de l'entreprise parler de mes très bons résultats de l'année dernière. » → besoin de reconnaissance de votre travail)
- Si vous identifiez plusieurs besoins, ne nommez que votre besoin prioritaire, celui que vous avez au moment où vous vous trouvez face à votre interlocuteur. « Il m'est difficile de vous parler maintenant de cette histoire, parce que j'ai besoin d'avoir la certitude que je peux compter sur vous pour ne pas la divulguer. »
- Si vous n'arrivez pas à identifier de besoin prioritaire, vous pouvez comparer deux par deux les besoins que vous avez repérés et choisir celui qui, spontanément, vous « parle » le plus.
- L'association de plusieurs besoins peut parfois faire sens, par exemple : « Je suis mécontent et j'ai besoin d'être sûr de pouvoir compter sur votre parole… » (besoins : sécurité et confiance) ou : « Je suis inquiet et j'ai besoin d'avoir la certitude que nos clients sont

protégés de nouveaux vices potentiels… » (besoins : sécurité et protection des clients). Le besoin prioritaire est nommé en premier et correspond au sentiment exprimé.

- S'il vous reste malgré tous deux besoins à départager, vous pouvez les exprimer ensemble, par exemple : « Au vu de la situation du marché, je suis tiraillé (sentiment) entre le désir de voir nos collaborateurs obtenir le budget dont ils ont besoin pour se sentir plus en confiance (besoin de contribuer au bien d'autrui) et le désir d'être parfaitement honnête en avouant que, pour l'instant, je n'ai aucune solution au problème. »
- Si aucun besoin ne vous « parle », c'est que vous n'avez pas encore identifié le véritable besoin qui est le vôtre. Continuez à chercher, si nécessaire avec l'aide de quelqu'un. Le soulagement que vous éprouverez montrera que vous avez reconnu votre vrai besoin.

Séparer les besoins des stratégies

Exprimer ouvertement ses besoins crée un contact avec l'autre et une liberté d'action. Mais ce n'est pas si simple, car nous avons tendance à anticiper la stratégie avec laquelle nous allons essayer de satisfaire notre besoin. Du coup, notre interlocuteur n'a que deux solutions : dire oui ou dire non.

Exemple : confusion entre besoin et stratégie

Lui : « J'ai besoin de te serrer dans mes bras. » Serrer l'autre dans ses bras n'est pas un besoin, mais une stratégie. Son véritable besoin à lui est un besoin de proximité et d'intimité, et serrer sa partenaire dans ses bras n'est qu'une stratégie parmi d'autres pour le satisfaire. D'autres stratégies possibles seraient de discuter avec elle, d'aller se promener avec elle, de l'inviter au restaurant, de l'emmener danser, etc.

Lorsque nous entendons s'exprimer des stratégies sans identifier le besoin ou les intentions qui se cachent derrière, nous sentons notre liberté menacée et devenons méfiant. Nous réagissons par une attitude défensive, par l'évitement ou en nous justifiant.

Contrairement aux besoins, les stratégies :

- sont faisables – par exemple des actions telles que prendre dans ses bras, parler, se taire ;
- sont tangibles – vous pouvez toucher un individu, un téléphone, une voiture ;
- sont mesurables – comme le temps, l'argent, l'eau ;
- décrivent des solutions – par exemple une analyse de faisabilité, la conclusion d'un accord, la communication non-violente.

Exemple : confusion entre besoin et stratégie

Une employée à son responsable : « J'ai besoin que vous me donniez confiance dans mes capacités. » (= stratégie, car un individu est tangible). Mais la solution sera limitée car elle ne pourra venir que du responsable de cette employée.
Besoin séparé de la stratégie : « J'ai besoin d'avoir confiance en moi. » De nombreuses stratégies sont applicables à la satisfaction de ce besoin : prendre confiance en soi par un travail sur soi-même ou par des personnes de l'entourage qui donnent confiance telles que le partenaire, la meilleure amie, la collègue, le coach, etc.

Lorsque nous voyons une personne donnée comme la source exclusive de satisfaction de notre besoin, cette personne sent parfaitement que nous risquons d'être dépendante d'elle, ce qu'elle refuse, ou agit par devoir plutôt que par plaisir. Que se passerait-il dans notre exemple sur les chiffres des ventes (voir p. 47) si la chef expliquait sa déception par son véritable besoin – le besoin de pouvoir faire confiance à l'autre ?

Exemple : où sont les chiffres des ventes que je vous ai demandés ? (suite)

« J'avais compris que vous alliez m'envoyer les chiffres des ventes avant ce midi, mais je ne vois aucun courriel de votre part dans ma boîte de réception. Je suis déçue **parce qu'il est vital pour moi de pouvoir faire confiance à mes collaborateurs**. » (besoin)

Demander plutôt qu'exiger

Demander ramène nos besoins abstraits sur un plan concret. C'est à ce niveau que se décide l'attitude que nous allons adopter vis-à-vis de notre interlocuteur.

Objectif : des relations d'égal à égal

Si nous souhaitons aboutir à une situation gagnant-gagnant, nous avons tout intérêt à trouver des solutions où les deux parties sont gagnantes. Nous imposer en employant la manipulation entraînerait une perte de confiance à long terme. Quant à la solution de céder pour maintenir à tout prix une paix apparente, elle nous conduirait lentement mais sûrement à un conflit froid avec, au bout, l'explosion.

Notre objectif est d'établir une relation d'égal à égal fondée sur le respect des besoins mutuels qui permette de trouver des solutions durables pour les deux parties.

Dans une relation d'égal à égal, les besoins des deux parties sont équivalents, d'importance égale, indépendamment du statut ou des rapports de pouvoir structurels. Il s'agit, ni de faire fi de l'autorité, ni de s'y soumettre servilement par peur et de nier ses propres besoins.

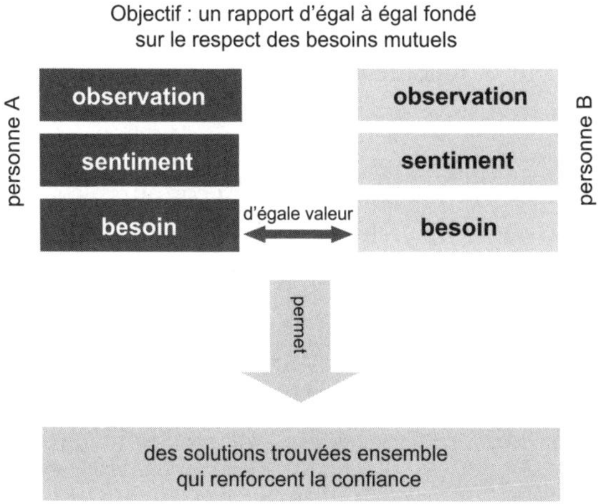

Au niveau des besoins, tous les conflits peuvent être résolus.

Des demandes satisfaites spontanément

Si vous désirez résoudre des conflits sur un pied d'égalité, posez-vous la question suivante : pour quelle(s) raison(s) votre interlocuteur accéderait-il à votre demande ? S'il la satisfait :

- parce qu'il croit être responsable de votre sentiment, ce qui le rend honteux ou coupable – « S'il est si frustré, je dois faire quelque chose pour… » ;
- par obéissance ou par devoir, se soumettant ainsi à une autorité (intérieure) – « Le chef l'a dit. Je dois m'améliorer et travailler dur sur moi… » ;

- pour essayer de s'acheter vos faveurs – « Si je fais cela, je serais sûrement félicité... » ;
- parce qu'il redoute les conséquences s'il dit non – « Si je refuse, je serais sûrement pénalisé... »

... alors la solution trouvée ne sera pas durable, car dès que votre interlocuteur ne croira plus au danger et se sentira à l'abri, il vous dira non ou ne fera pas ce que vous lui demandez. C'est ce qui arrive souvent avec des compromis boiteux. Dans le meilleur des cas, vous reprenez les négociations, dans le pire des cas, vous ne remarquez pas ce qui se passe réellement, mais en subissez les conséquences.

Toute demande est l'occasion de faire un cadeau à quelqu'un. La seule raison qui motive les autres lorsqu'ils nous font des cadeaux est de pouvoir le faire spontanément, de leur plein gré.

Comment distinguer une demande d'une exigence

Si vous essayez d'exiger quelque chose de votre interlocuteur, ce dernier ne voit que deux possibilités : la soumission ou la rébellion. Et dans les deux cas vous perdez sa confiance et sa bienveillance.

Comment savoir si l'autre formule vraiment une demande ou pose une vraie exigence sous le couvert d'une simple demande ? En voyant sa réaction si vous lui dites non. Si, en refusant, vous perdez sa considération, vos rapports ne se font plus d'égal à égal et les jeux de pouvoir commencent, vous pouvez être sûr que c'était une exigence.

Exemple : l'exigence se cache sous la demande

Martin : « Roland, vous voulez bien faire la fermeture ? »
Roland : « Non, pas cette fois, ma femme et moi avons prévu de sortir ce soir. »
Martin : « Mais vous me devez bien ça ! La semaine dernière je vous ai rendu service en… »

➲ Transformer les « devoir » en « vouloir »

En observant ce qui se passe réellement dans les entreprises, nous constatons rapidement que les salariés ne se sentent pas « obligés » d'exécuter des ordres – oublis, négligences, rétention d'information – si ces ordres ne sont pas en accord avec leurs besoins. Un argument de plus en faveur de la nécessité de conclure des accords en s'efforçant d'identifier les besoins de chacun. Car qu'est-ce que votre interlocuteur pourrait bien trouver à redire à une solution qui satisfait ses besoins ? Cela le dérangerait-il de voir vos besoins satisfaits en même temps que les siens ? Certainement pas. C'est ainsi qu'un devoir se transforme en volonté motivée.

La relation avant la solution

En cas de conflit, nous avons tendance à proposer des solutions alors que le niveau auquel se situe la relation n'est pas encore clairement établi. Tant que chacun n'est pas en mesure de nommer les besoins de l'autre et de savoir s'il est prêt à satisfaire spontanément la demande de l'autre, toute solution sera vouée à l'échec. Demandez-vous : « À ce stade, ai-je la certitude que chacun est prêt à conclure un accord de son plein gré et à s'y tenir ? » Si votre intuition vous dit que non, que pouvez-vous faire ? Tant que la confiance n'est pas acquise, continuez d'intégrer des demandes de retour dans la conversation.

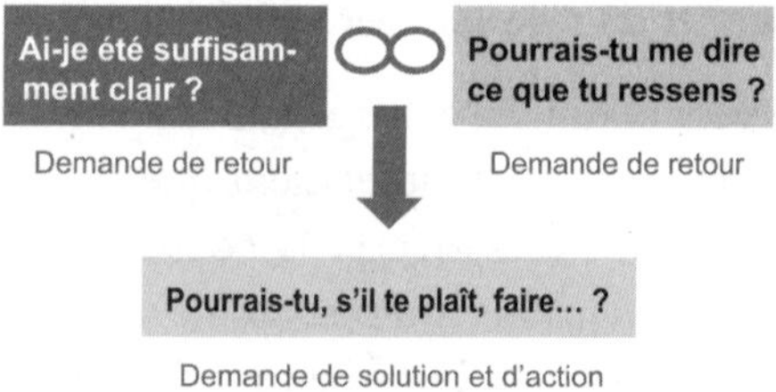

Formuler des demandes de retour avant des demandes d'action.

1er type de demande : demander un retour pour s'assurer que l'autre a bien compris

Si vous voulez vous assurer que votre interlocuteur a bien compris le sens de votre message, demandez-lui.

Car parfois nous n'avons pas été suffisamment clair ou l'autre a compris autre chose que ce que nous avons voulu lui dire.

Vouloir transmettre un message n'est pas transmettre un message. Transmettre un message n'est pas voir son message reçu. Voir son message reçu n'est pas voir son message compris.

Exemple : une peur perçue comme une critique

Lui : « Le feu est rouge ! » « Elle : Je le vois bien. Tu me crois trop bête pour conduire ! » Message envoyé : J'ai peur pour ma sécurité. Message reçu : Critique personnelle.

Il ne suffit pas de demander à votre interlocuteur : « M'avez-vous compris ? » pour être certain d'avoir été reçu 5/5. L'autre peut répondre oui alors qu'il n'a pas compris le message que vous vouliez lui faire passer. En revanche, si vous lui demandez : « Je ne suis pas sûr d'avoir été suffisamment clair. Pouvez-vous me dire ce que vous avez compris de mon intervention ? », sa réponse va vous aider à savoir si vos paroles ont été comprises comme vous le souhaitiez.

➲ 2e type de demande : demander un retour pour aider l'autre à exprimer ses sentiments

En dépit de tous les efforts que vous pouvez faire pour être loyal envers votre interlocuteur, vos messages peuvent parfois le blesser. Vous pouvez alors lui demander ce qu'il ressent, ce qui l'incitera probablement à exprimer ses sentiments, aussi douloureux soient-ils.

Exemple : qu'est-ce qu'il vous arrive, monsieur Granger ? (Version 1)

Le patron : « Monsieur Granger, il ne m'est pas facile de vous dire ce que j'ai à vous dire, mais depuis trois semaines je suis très mécontent de votre travail. Le dernier projet n'a pas été une réussite, comme vous l'avez vous-même reconnu. J'ai besoin de savoir si vous êtes suffisamment motivé et concentré pour atteindre les objectifs prévus. Je sais que je suis direct, peut-être trop, mais qu'en pensez-vous ? » Le patron signale ainsi à monsieur Granger qu'il est autorisé à exprimer les sentiments qu'il éprouve suite à cette constatation. Cela le met en confiance.

Si l'autre ne fait pas ce que vous attendez de lui et si vous ne comprenez pas pourquoi, vous pouvez lui demander les « bonnes raisons » (= besoins) qui sont les siennes de ne pas avoir répondu à votre demande. Car si vous ignorez ses besoins, les solutions envisagées n'en tiendront pas compte et seront donc vouées à l'échec.

Exemple : qu'est-ce qu'il vous arrive monsieur Granger ? (Version 2)

Le patron : « Monsieur Granger, il ne m'est pas facile de vous dire ce que j'ai à vous dire, mais depuis trois semaines je suis très mécontent de votre travail. Déjà le dernier projet n'a pas été une réussite, comme vous l'avez vous-même reconnu. Êtes-vous prêt à me dire s'il y a quelque chose qui vous empêche d'être motivé et concentré pour atteindre les objectifs fixés ?

À cette question, monsieur Granger peut se dire que son chef ne l'accuse pas d'emblée bien que les résultats ne répondent pas à ses attentes. Il lui avoue donc avoir des raisons valables de ne pas avoir atteint les objectifs prévus. Il sent le respect et la confiance de son supérieur à son égard.

Examinez votre attitude lorsque vous demandez quelque chose à quelqu'un

- Suis-je prêt à dire ce qui m'importe réellement ? Renoncez à mettre les formes. « Ne soyez pas gentil, soyez vrai. » Si vous exigez quelque chose de l'autre, c'est que vous le croyez vraiment capable de vous faire des cadeaux.
- Suis-je prêt à satisfaire moi-même ce besoin ?
- Est-ce que je considère que plusieurs solutions sont possibles ? (Si ce n'est pas le cas, c'est que je n'ai pas vraiment compris le problème !)
- Ai-je conscience qu'ensemble nous pouvons trouver davantage de solutions que moi tout seul ?
- Suis-je prêt à entendre un non (sans perdre la considération de l'autre) ?

- Est-ce que je considère un refus de mon interlocuteur comme l'occasion de nous rapprocher ?
- Est-ce que j'aborde les négociations avec un esprit ouvert, c'est-à-dire ouvert à différents résultats possibles ? Suis-je conscient, certes d'avoir une stratégie de prédilection, mais de vouloir avant tout que mes besoins soient satisfaits ?

Comment formuler une demande avec succès

Les mots et les phrases et que vous employez pour exprimer vos demandes peuvent influencer de manière décisive la suite de la conversation.

Formuler efficacement une demande	
Critère	**Exemple**
• Rester dans le présent	• Au lieu de dire : « J'aimerais que tu ranges toujours ta chambre » pour arracher une promesse, dites plutôt : « Es-tu prêt à ranger ta chambre en 30 minutes ? » Sur le moment, l'autre peut dire oui ou non.
• Être le plus concret possible	• Au lieu de dire : « Pouvez-vous vous occuper de ma voiture cette semaine ? », dites plutôt : « Pouvez-vous me réparer ma voiture pour vendredi midi ? »
• Adopter une formulation positive	• Au lieu de dire : « Je ne veux pas que tu me dises ce que j'ai à faire », dites plutôt : « Je souhaite avoir mes coudées franches. »
• Adopter une formulation engageante	• Veillez à souligner la liberté de décision que possède votre interlocuteur en lui disant : « Êtes-vous prêt à… ? »

Êtes-vous pour autant assuré d'obtenir le oui de votre interlocuteur ? Certainement pas. Toute réponse négative est une information utile : elle nous montre qu'un besoin de notre interlocuteur n'a pas été satisfait par cette stratégie et que nous pouvons poursuivre la négociation. Un non ne peut pas vous effrayer si vous le considérez comme l'occasion de vous rapprocher de l'autre. Mieux vaut un refus que des promesses en l'air ou des déclarations d'intention qui demeurent lettre morte. La pire réponse que vous pouvez obtenir ? Un « faux oui », c'est-à-dire un oui qui peut ne pas en être un.

À qui vous adressez votre demande

Nos demandes peuvent s'adresser à trois destinataires :

- À nous-mêmes : nous oublions souvent une personne qui peut (mais n'est pas obligée de) satisfaire bon nombre de nos demandes : nous !

> **La confiance que nous cherchons est essentiellement de la confiance en nous.**

- À notre interlocuteur : votre interlocuteur peut être, en cet instant, l'individu le moins apte à satisfaire votre demande sur 6,5 milliards d'individus parce que, quoi que vous disiez, il le prendra pour une

exigence. Peut-être a-t-il été confronté maintes fois aux exigences des autres et ne peut-il pas penser que vous souhaitez qu'il accepte votre demande de son plein gré, sans s'y sentir obligé.
- À des tierces personnes : si vous êtes dans une situation très difficile, par exemple si votre interlocuteur vous accuse de partialité, vous pouvez demander le soutien d'un ami commun, d'un coach ou d'un médiateur.

Vous avez exprimé votre demande – et après ?

Pour terminer, revenons à l'exemple des chiffres des ventes que Sylvie Quenin devait remettre à sa supérieure. Comment cette dernière devrait-elle formuler sa demande pour obtenir satisfaction ?

Exemple : où sont les chiffres des ventes que je vous ai demandés ? (suite)

« J'avais compris que vous alliez m'envoyer les chiffres des ventes ce midi au plus tard et je ne vois aucun courriel de votre part dans ma boîte de réception. Je suis déçue parce qu'il est vital pour moi de pouvoir faire confiance à mes collaborateurs. Seriez-vous prête à me dire ce qui vous a empêché de me remettre ces chiffres ? (demande de retour)

Naturellement, il ne serait pas réaliste de supposer que la réaction de Sylvie Quenin puisse déboucher aussitôt sur une solution gagnant-gagnant. Il nous manque un élément : jusqu'à présent, nous ne nous sommes pas penchés sur les réactions de Sylvie Quenin. Car, en règle générale, notre interlocuteur réagit à l'expression de notre observation, de notre sentiment, de notre besoin et de notre demande. C'est pourquoi l'écoute empathique, la seconde composante de la CNV, est d'une importance capitale – elle nous permet de découvrir les besoins de notre interlocuteur. Tant que ses besoins et les nôtres ne sont pas satisfaits, aucune stratégie ne peut réussir. Pour revenir à notre exemple : comment la chef peut-elle accroître ses chances de voir sa demande satisfaite en écoutant Sylvie Quenin avec empathie ? Vous le saurez en lisant le chapitre suivant.

À retenir – s'exprimer avec sincérité

- Si, dans une conversation, vous faites preuve d'estime et de respect à l'égard de votre interlocuteur, vous augmentez vos chances d'être entendu.
- Formulez vos observations sans porter de jugement. Sinon, votre interlocuteur risque d'entendre une critique.
- Si votre interlocuteur sait ce que vous ressentez, il est dans de meilleures dispositions à votre égard. Mais ne confondez pas sentiments et accusations ! Parlez à la première personne.
- Ce sont vos besoins qui motivent vos actions, et les besoins humains sont universels.
- Discernez clairement vos besoins et exprimez-les. Mais veillez à ne pas les confondre avec des stratégies pour les satisfaire.

- Des solutions durables sont des solutions qui satisfont les besoins des deux parties. Lors du processus de négociation, concentrez-vous sur vos besoins et restez suffisamment souple dans les stratégies à utiliser pour les satisfaire.
- Vous avez plus de chance de voir votre demande satisfaite s'il existe un terrain de confiance entre votre interlocuteur et vous. Et s'il répond à votre demande de son plein gré, de manière totalement spontanée.
- Si vous ne pouvez pas accepter le refus de l'autre sans lui retirer votre estime et votre respect, c'est le signe que vous avez formulé une exigence et non une demande. Continuez de chercher des solutions pour satisfaire vos besoins respectifs.

Écouter avec empathie

Notre interlocuteur exprime, lui aussi, des désirs, des attentes, des sentiments et des besoins, mais lui non plus n'a pas la certitude que ses messages seront entendus. Nous avons toutes les chances de comprendre l'essentiel de ce qu'il veut nous dire en pratiquant l'écoute empathique.

Dans ce chapitre vous découvrirez :

- pourquoi l'écoute vous permet d'établir le contact avec votre interlocuteur (p. 94-97) ;
- ce qu'est réellement l'empathie et pourquoi elle désamorce les conflits et réconcilie les individus (p. 97-102) ;
- ce qui nous empêche de nous mettre vraiment dans la peau de l'autre (p. 103-108) ;
- comment vous ouvrez la voie à la résolution d'un conflit en alternant l'expression sincère et l'écoute empathique (p. 109-111).

Les quatre manières d'accueillir un message négatif

Exemple : message négatif de votre supérieur

Vous discutez avec votre supérieur depuis un quart d'heure, puis il vous dit soudain : « À quoi ça sert de parler avec vous ? Vous n'écoutez jamais rien ! »

Il existe quatre manières d'accueillir un message négatif :

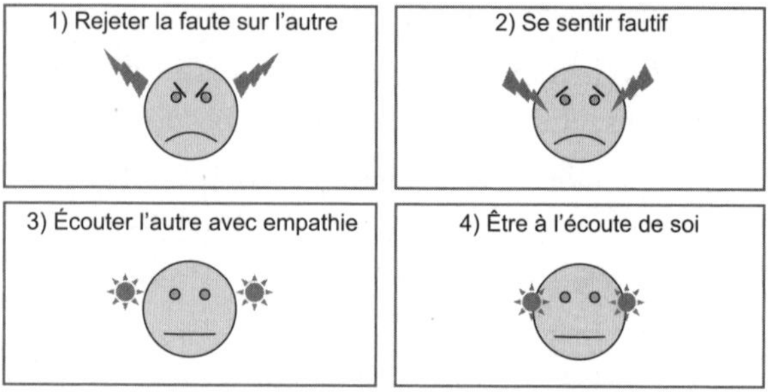

Quatre manières d'accueillir un message négatif.

Rejeter la faute sur l'autre

Je cherche à culpabiliser l'autre : « Vous ne faites vraiment aucun effort pour m'écouter ! » (Non-dit : « Je savais qu'il essaierait de s'imposer à mes dépens ! »). J'ai des pensées d'hostilité, je réagis par la colère et je rends l'autre responsable de mes sentiments.

Se sentir fautif

Je prends le message de l'autre comme une attaque personnelle et je me culpabilise : « Il a raison, je ne suis pas concentré ! Peut-être suis-je aussi trop bête pour comprendre. » C'est souvent sur nous-même que nous avons les jugements et les préjugés les plus négatifs, ce qui explique pourquoi il nous est si difficile de ne pas prendre personnellement une critique formulée de façon objective. Intérieurement, nous sommes d'accord avec l'autre. Ces autoaccusations entraînent des sentiments de honte et de culpabilité. Si nous dialoguons négativement avec nous-même trop longtemps, nous risquons de nous sentir déprimé.

Écouter l'autre avec empathie

Les jugements étant l'expression de sentiments et de besoins, je peux chercher à percevoir les sentiments et les besoins de l'autre au lieu de me focaliser sur ses paroles :

- « Après cette longue discussion, êtes-vous énervé parce que vous aimeriez être pris au sérieux ? »
- « Après cette longue discussion, êtes-vous frustré parce que vous avez besoin d'avoir la certitude que les choses avancent ? »
- « Vous m'avez consacré beaucoup de temps et je suppose que ça vous agace. Vous voudriez savoir ce que je pense de votre façon de voir, n'est-ce pas ? »

Je dirige mon attention sur les sentiments et les besoins de l'autre tels qu'ils sont exprimés. J'avance une interprétation des propos de mon interlocuteur en le questionnant. L'essentiel pour moi n'est pas de tomber juste avec mon interprétation, mais de montrer à l'autre que je m'intéresse sincèrement à lui (mon empathie est perceptible à travers ma voix et mon langage corporel – 90% de la communication !).

Être à l'écoute de soi

Si j'ai du mal à ne pas me sentir fautif ou à ne pas rejeter la faute sur l'autre en entendant son message, que puis-je faire ? D'abord me mettre à l'écoute de moi-même, porter mon attention sur mes propres sentiments et besoins, pour pouvoir retrouver un échange « sain ». Des sombres profondeurs de mes jugements négatifs que j'observe de l'extérieur, j'extrais des richesses – mes sentiments et mes besoins. « À cet instant, je suis déchiré car j'aimerais le remercier de tous ses efforts pour se faire comprendre mais je voudrais aussi être sincère si ses arguments ne me convainquent pas. Pourquoi est-ce que je ne parviens pas à approuver sa stratégie ? Tout simplement parce que je n'y vois aucune solution pour moi, et c'est justement d'une solution qui me convienne dont j'ai besoin ! »

L'estime à l'égard des autres passe nécessairement par l'estime de soi.

➲ Établir un contact par l'empathie et l'écoute de soi

Qui décide de la manière dont vous accueillez un message ? Vous, bien sûr ! Nul n'a le pouvoir de le faire à votre place, de vous faire passer de la culpabilité ou de l'accusation à l'empathie ou vice-versa. Votre attitude se reflétera dans votre choix. Culpabiliser l'autre ou se culpabiliser ne permettent pas d'établir un contact, alors qu'écouter l'autre avec empathie et être à l'écoute de soi sont propices à un échange de qualité capable de déboucher sur une solution mutuellement acceptable.

Le pouvoir de l'empathie

Parmi les quatre manières d'accueillir un message négatif, la troisième (écouter l'autre avec empathie pour percevoir ses sentiments et ses besoins) est probablement celle qui vous est la plus difficile. Vous avez certainement l'habitude d'argumenter avec logique. Avoir une écoute empathique implique d'attendre son tour pour défendre son point de vue. En général, c'est « ou toi, ou moi ». Chacun voudrait voir ses sentiments et ses besoins entendus par son interlocuteur. Et tant qu'il n'a pas la certitude qu'ils sont effectivement reçus et perçus, il redouble d'efforts (d'arguments logiques). Malheureusement, ses efforts sont le plus souvent contreproductifs.

Plus nous argumentons, moins nos besoins sont entendus.

Dans son livre *L'audace d'espérer*, le président des États-Unis Barack Obama plaide en faveur de l'empathie et de son pouvoir – la pièce maîtresse de sa vision.

L'empathie est une capacité et une attitude qui vise la sincérité, l'authenticité au-delà des paroles. Barack Obama

Quels sont les avantages de l'écoute empathique ?

Les principaux avantages de l'écoute empathique sont les suivants :

- Elle permet de réengager une conversation devenue terriblement pénible ou qui s'essouffle. Au lieu de répéter inlassablement ses explications, votre interlocuteur devient soudain plus clair et en vient à l'essentiel.

- Elle désenvenime la situation, vous débarrasse de vos pensées d'hostilité et de votre peur de l'autre. Lorsque vous êtes en proie à des sentiments forts tels que la peur ou la colère, attendez sept secondes avant de réagir verbalement. C'est le temps dont votre système a besoin pour sortir du mode « survie ». Selon ce mode, vous réagiriez par l'attaque, la fuite ou la défense.
- L'écoute emphatique permet de clarifier ce que vous avez mal compris. Si votre réponse ne correspond pas à ce qu'il a cherché à vous faire comprendre, votre interlocuteur va vous dire : « Non, ce n'est pas cela, mais plutôt… » Il vous donne des informations précieuses grâce auxquelles il vous sera plus facile de vous rapprocher du message qu'il veut vous faire passer.
- L'écoute emphatique vous permet d'identifier clairement les besoins de votre interlocuteur (vous aurez fait la moitié du chemin vers une solution gagnant-gagnant !).
- L'écoute emphatique augmente vos chances d'être vous aussi entendu.
- Tout individu voudrait être compris. La capacité de prêter d'abord attention à la qualité de la relation au lieu de s'empresser de résoudre le problème crée un terrain favorable à la résolution du conflit.

Quel est le secret de la réussite ? Comprendre le point de vue de l'autre et voir les choses avec ses yeux. (Henry Ford)

Avoir une écoute empathique – oui, mais comment ?

L'empathie précède la parole. Se mettre à la place de l'autre ne signifie pas ressentir la même chose que lui, mais être à ses côtés et voir le monde avec ses yeux. Son point de vue est, pour lui, aussi réel que le nôtre pour nous ! Il ne s'agit pas de trouver la vérité, mais de reconnaître les deux perceptions, la sienne et la nôtre. Et dites-vous que 80 % de l'empathie agit dans le silence, sans recours à la parole.

Avoir une écoute empathique, c'est être prêt :

- À vouloir d'abord comprendre mon interlocuteur, surtout si je ne partage pas son point de vue, avant de vouloir être moi-même compris.
- À le prendre au sérieux, c'est-à-dire à prendre ses expériences, ses perceptions, ses sentiments, ses besoins et ses demandes (implicites) au sérieux, même si la manière dont il les exprime ne me plaît pas.
- À lui montrer que ce qu'il me dit m'intéresse dans l'optique d'un résultat gagnant-gagnant.
- À vérifier si j'ai moi-même besoin d'empathie lorsque mon intérêt naturel à l'égard de l'autre faiblit.

Il est plus facile de montrer de la sensibilité et de la compréhension à l'égard de collègues ou de collaborateurs qu'à l'égard de supérieurs. Dans les entreprises aux hiérarchies très strictes, les salariés ont tendance à écouter les ordres et les jugements de leurs supérieurs. Ils se justifient ou s'excusent au lieu de chercher à comprendre ce qui est important aux yeux de leur chef. Car les patrons, eux aussi, aspirent à être compris. Un grand progrès consisterait à ne plus voir dans son supérieur « le chef », « l'ennemi » ou « l'instance punitive », mais un individu avec ses besoins, tout simplement. Les conversations d'égal à égal, c'est-à-dire fondées sur le respect et l'estime mutuels, sont, pour les patrons comme pour les employés, non seulement moins stressantes, mais aussi plus constructives.

Lorsque nous sommes réellement entendus avec nos sentiments et nos besoins, nous changeons. (Marshall B. Rosenberg)

Comprendre signifie-t-il être d'accord ?

En général, l'écoute non-empathique est motivée par la peur de voir la compréhension manifestée à l'égard de l'autre confondue avec l'approbation de son point de vue ou de sa proposition. Nous pensons que nous ne pouvons pas nous permettre d'acquiescer parce que notre interlocuteur y verrait le signe de notre assentiment à ses stratégies. Mais comme l'illustre le schéma de la page suivante, la compréhension se rapporte aux besoins, alors que l'approbation concerne l'étape suivante : la demande. Nous pouvons donc, sans hésitation, écouter l'autre avec empathie aussi longtemps que l'autre pourra nous écouter avec empathie – sans jamais avoir approuvé quoi que ce soit.

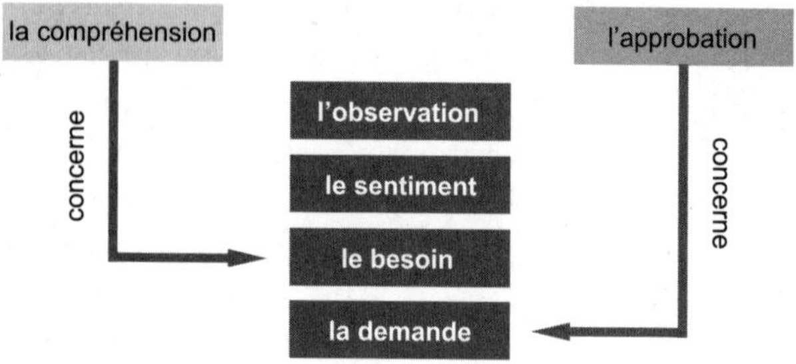

La compréhension n'est pas forcément synonyme d'approbation.

Exemple : admettez-le !

A : « Comment avez-vous pu être aussi stupide pour accepter ce prix ! » B : « Vous êtes furieux parce que vous auriez aimé avoir une plus grande marge bénéficiaire ? » A : « Vous admettez donc que j'ai raison et que vous avez commis une erreur stupide ? » B : « Vous vous demandez comment j'ai pu agir ainsi ? » A : « Non, je veux seulement dire que vous devriez avouer avoir commis une erreur ! » B : « Vous voulez savoir si je regrette d'avoir agi ainsi ? » A : « Oui. » B : « Eh bien non. » A reste sans voix. B : « Vous voulez probablement comprendre pourquoi j'ai accepté ce prix parce qu'il est important pour vous qu'en tant qu'acheteurs nous ne perdions pas de vue l'intérêt de l'entreprise ? » A : « Parfaitement ! » B : « Il n'y a aucun danger, car les prix d'achat que nous avons fixés au départ sont bien inférieurs aux prix maximums à ne pas dépasser pour nous réserver une belle marge. »

Les obstacles à l'écoute empathique

Bien que l'empathie soit innée chez l'être humain et n'ait donc pas besoin d'être apprise, il nous est souvent difficile d'aller chercher l'autre là où il est en raison des modes de comportement qui nous ont été transmis par notre éducation et que nous avons acquis au cours de notre vie.

Vous-même avez besoin de l'empathie des autres

Avant de pouvoir écouter les autres avec empathie, nous devons créer les conditions qui nous permettent de nous mettre à leur place. Car nous ne pouvons pas donner sans avoir ! Lorsqu'une discussion ne prend pas la tournure prévue ou que les autres ne se comportent pas comme nous le voudrions, nous avons besoin, avant tout, de nous montrer compréhensif à l'égard de nous-même. Que vous éprouviez de la colère, de la peur ou de la déception, prenez vos sentiments – et donc vous-même – au sérieux.

Nous ne pouvons pas écouter les autres avec empathie si nous avons nous-même besoin d'empathie.

Ne vous laissez pas entraîner à faire preuve d'empathie pour les (mauvaises) raisons suivantes :

- Vous voulez acheter l'amour des autres.
- Vous agissez par sentiment de devoir – « Un être humain digne de ce nom doit agir ainsi ! ».
- Vous avez peur – « Que va-t-il m'arriver si je ne lui témoigne pas d'empathie ? ».
- Vous avez une compréhension dogmatique de l'empathie : l'autorité l'a dit, alors je dois montrer de l'empathie.

Si, pour l'une des raisons ci-dessus, vous essayez de vous mettre à la place de l'autre, ce dernier sentira tôt ou tard, non sans frustration, que vous avez vous-même besoin qu'on vous manifeste de l'empathie. Occupez-vous de vous si vous ne voulez pas être impuissant à aider les autres. On ne peut pas se laisser conseiller par une personne qui partage la même détresse que soi.

L'empathie est simple en théorie, mais difficile en pratique, car nos propres pensées et sentiments se mettent constamment en travers de notre chemin.

Réfléchissez à ce qui vous pousse à vouloir écouter l'autre avec empathie. Et résistez à la tentation de porter un jugement négatif sur vous-même en vous disant : « Je devrais être totalement à l'écoute de ce qu'il me dit, mais je n'y arrive pas. »

Nous sommes prisonnier de notre ressenti au lieu d'être présent à l'autre

Pourquoi ne sommes-nous pas aussi empathique que nous le voudrions ? Parce que nous sommes prisonnier de nos propres pensées et sentiments :

- **Nous consolons, rassurons, apaisons ou encourageons au lieu d'être vraiment présent** : « Ce n'est pas si grave, tu sais… », « Je pense que tu devrais… », « Ce n'était pas de ta faute, tu as fait de ton mieux… », « Allez, courage, c'est fini… » Avec de telles paroles, nous essayons plutôt de nous débarrasser au plus vite du problème que de nous mettre à la place de l'autre.

Les sentiments et les besoins veulent être pris au sérieux. Dans ces moments-là, les paroles de consolation, d'apaisement, d'encouragement ou les conseils ne sont pas de mise. (Marshall B. Rosenberg)

- **Nous essayons de bien comprendre le problème ou l'enjeu au lieu de nous intéresser vraiment à l'autre** : Parfois, nous voulons être sûr d'évaluer correctement la situation, ce qui nous empêche d'entrer vraiment en contact avec l'autre. Lorsque vous avez besoin de la compréhension de votre interlocuteur et que vous l'entendez vous dire : « … C'est ce qui s'est passé, n'est-ce pas ? Et tu penses que c'est cela qui t'a … », vous ne vous sentez pas compris. L'empathie est un intérêt sincère à l'égard de l'autre. Ce n'est pas de la compréhension intellectuelle. Il s'agit de percevoir ce que l'autre ressent et non ce qu'il pense. De lui offrir la qualité de présence dont il a besoin. Nous-même sentons quand l'autre est à côté de la plaque. Par conséquent, faites attention au ton que vous prenez pour réagir avec vos propres mots à ce que l'autre vient de vous dire. Votre interlocuteur doit avoir l'impression que vous lui demandez si vous le comprenez et non que vous êtes sûr de l'avoir compris. Alors dites-lui : « Es-tu… ? » au lieu de « Tu es… »

- **Nous nous concentrons sur les stratégies de l'autre au lieu de nous focaliser sur ses besoins** : Nous avons tendance à dire : « Tu veux avoir plus de temps pour jouer au golf (stratégie) ? » au lieu de : « Tu veux oublier provisoirement le boulot (besoin) ? » Si vous avez besoin d'empathie, vous êtes très frustré de voir que votre interlocuteur suppose que vous avez besoin de conseils ou de solutions. Si nous croyons devoir mettre de l'ordre dans une situation et veiller à ce que l'autre aille mieux, nous risquons de trouver une solution valable pour nous, mais pas pour l'autre !

Nous sommes tellement habitués à avoir une solution toute prête à un problème que nous oublions de nous demander si cette solution est adaptée à ce problème.

Exemple : « Il ne me donne pas de ses nouvelles… »

Elle à son amie : « Je ne comprends pas. Je n'arrive pas à parler avec lui. Cela fait trois jours qu'il ne me donne pas de ses nouvelles, et ce n'est pas la première fois. Pas d'appel, pas de SMS, pas de mail, rien. » L'amie : « Je ne sais pas ce que tu lui trouves. Il ne te mérite pas. Tu vas attendre combien de temps comme ça ? Débarrasse-toi de ce type ! » Elle : « Mais je l'aime ! »
La solution de son amie, à savoir se séparer de l'homme qu'elle aime, ne lui apporte pas la compréhension qu'elle attend. Ce dont elle a besoin, c'est que son amie comprenne sa douleur et son sentiment d'impuissance.

- **Nous jetons de l'huile sur le feu au lieu de permettre à l'autre de s'exprimer pleinement et de se sentir compris** : Je donne raison à mon interlocuteur et appuie son jugement : « Eh oui, c'est triste à dire, mais avec les hommes, il est impossible de parler ! » Une version empathique aurait été : « Je sais, sur le moment ça fait très mal de voir qu'on n'arrive plus à se parler. Et tu voudrais trouver une solution pour renouer le dialogue ? »
- **Nous établissons des diagnostics et des analyses au lieu d'être là, tout simplement** : « C'est parce que tu n'as pas négocié en défendant âprement tes intérêts ! » Nous réfléchissons aux paroles de l'autre afin qu'elles s'accordent avec nos théories (au lieu de nous contenter de les percevoir).

- **Nous confondons empathie et compassion/sympathie** : Pour être vraiment présent à l'autre, nous devons nous concentrer sur son message et non sur les sentiments que ce message suscite en nous. Si vous pleurez avec quelqu'un, ce n'est pas de l'empathie, mais de la compassion (« souffrir avec »). Pleurer avec l'autre ne l'aide pas, bien au contraire.
- **Nous posons des questions qui ressemblent à des exigences ou des ripostes** : Des questions telles que « Qu'est-ce que j'ai fait (sous-entendu « de mal » ou « qui ne va pas ») ? », « Comment te sens-tu exactement ? » ou « Alors, qu'est-ce que je dois faire ? » sont ressenties comme agressives. Elles semblent exiger des réponses ou des instructions précises pour savoir comment agir. Et elles n'apportent pas à l'autre l'empathie qu'il réclame pour cerner clairement ses sentiments et ses besoins.

Quand cessons-nous notre écoute empathique ?

De la même façon que nous avons besoin de savoir clairement quand passer de l'expression sincère à l'écoute empathique, nous avons besoin de savoir clairement quand stopper l'écoute empathique pour revenir à l'expression sincère. À quoi reconnaissez-vous que votre interlocuteur a reçu suffisamment d'empathie ? Au signal (non verbal) qu'il a été entendu. Et quel est ce signal ? Il peut parler d'une façon plus détendue, avoir l'air soulagé ou arrêter de parler, entre autres.

Du conflit à la solution gagnant-gagnant

Dans notre exemple sur les chiffres des ventes, la chef de Sylvie Quenin veille à revenir sans cesse à l'écoute empathique jusqu'à obtenir la certitude d'avoir compris sa collaboratrice et que cette dernière se sente comprise. Elle peut ainsi se rendre compte que Sylvie Quenin a besoin de protection et de confiance. Elle peut déjà lui montrer sa confiance à travers la manière dont elle lui parle.

Exemple : où sont les chiffres des vente que je vous ai demandés ? (suite et fin)

La chef : « J'avais compris que vous alliez m'envoyer les chiffres des ventes avant ce midi et je ne vois aucun courriel de votre part dans ma boîte de réception. Je suis déçue parce qu'il est vital pour moi de pouvoir compter sur mes collaborateurs. Pourriez-vous me dire ce qui vous a empêché de m'envoyer ces chiffres ? » (expression sincère)

Sa collaboratrice : « Oh, veuillez m'excuser, cela ne se reproduira plus. »

La chef : « Vous regrettez que les choses se soient passées ainsi ? » (empathie)

Sa collaboratrice : « Oui, bien sûr. J'ai tellement de choses à faire. »

La chef : « Je peux comprendre que vous ayez beaucoup de travail, mais cela ne devrait pas vous empêcher de me prévenir si vous pensez ne pas pouvoir tenir un délai. Je suppose que quelque chose vous en a empêché ? » (expression sincère)

Sa collaboratrice, avec hésitation : « Mais je ne peux quand même pas vous avouer que je n'arrive pas à établir ces chiffres. De quoi ai-je l'air ! »
La chef : « Que ressentez-vous ? » (expression sincère)
Sa collaboratrice après une pause : « J'ai honte de moi, je me sens incapable ! »
La chef : « Et vous vouliez vous protéger de ce sentiment ? » (empathie)
Sa collaboratrice : « Oui, c'est très douloureux. Et puis… »
La chef : « Aviez-vous peur de ma réaction si vous m'aviez dit que vous ne réussissiez pas à établir ces chiffres ? » (empathie)
Sa collaboratrice : « Mon ancien supérieur m'a toujours mis la pression et, du coup, je commettais encore plus d'erreurs et je ne venais pas à bout du travail qu'il me confiait. »
La chef : « Vous vouliez absolument terminer votre travail parce que cela correspond à votre idée de la responsabilité ? » (empathie)
Sa collaboratrice : « Oui. »
La chef : « Sylvie Quenin, moi aussi j'attache de l'importance à ce que les tâches que je confie à mes collaborateurs soient menées à bien avec une grande conscience professionnelle. Mais en même temps je dois, moi aussi, tenir mes engagements vis-à-vis de la direction. Avez-vous une idée de la façon dont nous pourrions procéder à l'avenir ? » (expression sincère)
Sa collaboratrice : « Je ne sais pas. Je pensais réussir à terminer en temps, mais je n'en ai pas été capable. »
La chef : « Vous voulez dire que vous vous demandez comment vous pourriez travailler plus efficacement ? » (empathie)
Sa collaboratrice : « Oui. »
La chef : « Je pense à quelque chose. Monsieur Roland a une longue expérience des tableurs. Il pourrait peut-être vous aider dans votre tâche. Qu'en pensez-vous ? » (expression sincère)

Sa collaboratrice : « Ce serait formidable ! Peut-on passer le voir maintenant ? »
La chef : « Oui, j'appelle monsieur Roland. Mais je voudrais vous dire une dernière chose. Je tiens à ce que vous m'informiez dans les plus brefs délais si vous pensez ne pas pouvoir, pour X raison, respecter l'accord que nous avons conclu. Est-ce bien clair pour vous ? » (expression sincère)
Sa collaboratrice : « Oui, parfaitement. »

À retenir : Écouter avec empathie

- Être à l'écoute de l'autre et de soi-même est un gage de conversation fructueuse, profitable aux deux parties.
- L'écoute empathique aide à mieux percevoir les besoins de l'autre – et donc à accomplir la moitié du chemin qui mène à une solution gagnant-gagnant.
- Avant de pouvoir vous mettre à la place de l'autre, faites preuve de compréhension et d'empathie à votre égard.
- Tant que vous écoutez l'autre, mettez de côté vos propres pensées, sentiments et besoins. Votre interlocuteur sentira que vous vous intéressez sincèrement et sérieusement à son point de vue, même si ce n'est pas le vôtre.

La communication non-violente au quotidien

Connaître les principes de la communication non-violente est une chose, les mettre en pratique dans la sphère privée et professionnelle en est une autre.

Dans ce chapitre vous découvrirez :

- comment dénouer les imbroglios relationnels en établissant clairement de quoi vous êtes responsable et de quoi vous ne l'êtes pas (p. 113-118) ;
- comment intégrer la CNV dans votre quotidien et votre langage courant (p. 118-124) ;
- comment procéder méthodiquement en cas de discussions conflictuelles (p. 124-139) ;
- à quoi ressemblent concrètement des discussions constructives dans l'entreprise et les opportunités qu'elles offrent (p. 139-154).

N'assumer que ce qui relève de sa propre responsabilité

Sur le chemin qui nous éloigne de la confrontation et nous mène à la collaboration, nous nous heurtons souvent à des règles unanimement acceptées dans le monde réel que nous apprenons dès notre plus tendre enfance. Quelques-unes constituent un ensemble fragile d'illusions ancrées dans les mentalités. Par exemple celle, largement répandue, selon laquelle nous sommes responsable des sentiments des autres. Pouvons-nous vraiment susciter des sentiments chez les autres ? Ne confondrions-nous pas plutôt les sentiments eux-mêmes avec ce qui les déclenche (ce que nous percevons par nos cinq sens) et les motive (nos besoins et nos pensées) ? (Reportez-vous au schéma de la page 58, *Comment naissent les sentiments*.) Il s'ensuit généralement des imbroglios interindividuels difficiles à dénouer. Si nous prenons conscience de ne devoir porter la responsabilité que de ce que nous pouvons maîtriser dans nos relations, nous avons fait un grand pas vers la clarification de situations relationnelles embrouillées.

Nous ne pouvons assumer la responsabilité que de ce que nous pouvons maîtriser.

Cela vaut pour les décisions des autres. Si quelqu'un fume, avez-vous le contrôle de cette situation ? Ceux qui ont déjà essayé de convaincre un fumeur d'arrêter de fumer connaissent l'amère vérité : nous maîtrisons aussi peu les décisions des autres que leurs sentiments. Nous pouvons avoir une influence, mais pas de contrôle.

Ce dont nous sommes responsable	
• De l'existence de nos sentiments et besoins spontanés et de la première pensée.	
• De ce que nous faisons de nos sentiments spontanés – des pensées, des objectifs, des intentions et des actions qui en découlent.	✓
• Des réactions des autres.	
• De nos réactions aux réactions des autres.	✓

➲ Sentiments et besoins spontanés, première pensée

Vos sentiments et vos besoins spontanés sont déclenchés par ce que vous percevez à travers vos cinq sens. Ce sont des faits. Il ne sert donc à rien de vous insurger contre le fait de les avoir (ou de les constater chez les autres). La naissance éclair de votre première pensée est tout aussi incontrôlable – elle est simplement là, que cela vous plaise ou non.

➲ Objectifs, intentions, autres pensées et actions

En revanche, vous pouvez contrôler ce que vous faites

de la perception de vos sentiments ou de vos premières pensées. Vous en êtes donc responsable. Vous pouvez, de façon pleinement consciente :

- produire d'autres pensées ;
- avoir des intentions et développer des objectifs ;
- décider de la quantité d'énergie que vous voulez investir ;
- examiner votre part de responsabilité dans la situation et agir en conséquence.

Exemple : le budget est décidé

Le patron raconte à ses collaborateurs qu'il a déjà discuté du budget avec le client. Avec l'aide de la CNV, vous exprimez sincèrement ce que vous ressentez et ce que vous demandez : « Je suis effrayé de la façon dont cette décision a été prise, j'ai besoin d'être davantage respecté quand des décisions qui me concernent sont prises. Êtes-vous prêt à m'inclure dans le processus la prochaine fois ? »

Les réactions des autres

Supposons que votre supérieur réponde : « Quel culot ! me dire que je n'ai aucun respect pour vous ! » Êtes-vous responsable de sa réaction ? Non. Visiblement, malgré tous vos efforts pour décrire votre problème et demander (et non exiger) que les choses se passent autrement la prochaine fois, votre chef a perçu une critique de votre part. Le message envoyé n'est pas toujours le message reçu.

Votre réaction à la réaction des autres

Vous pourriez rétorquer intérieurement avec un jugement moral du style « J'ai toujours su que c'était un imbécile… ! » Mais vous oublieriez le respect à l'égard de l'autre, perdriez toutes vos chances d'être vraiment entendu et verriez votre désir de participer aux prochaines décisions qui vous concernent anéanti. Vous aggraveriez la qualité de la relation dont vous portez, en partie, la responsabilité. En revanche, vous augmentez vos chances de poursuivre la discussion de manière constructive si vous répondez à votre chef avec empathie.

Exemple : le budget est décidé (suite)

« Souhaitez-vous montrer que vous respectez vos collaborateurs et avez à cœur de défendre leurs intérêts ? » Le chef : « Oui, bien sûr ! »
« Cela m'intéresserait beaucoup de savoir pour quelles raisons vous ne m'avez pas intégré cette fois dans le processus décisionnel. Accepteriez-vous de me le dire ? »
le chef : « J'ai pensé que j'allais défendre vos intérêts. Mais, visiblement, vous ne voyez pas les choses de cette façon. Que pouvons-nous faire à présent ? »

Vous pouvez échanger des idées pour essayer de remédier à cette situation, ce qui renforcera votre confiance mutuelle, celle de savoir que vous pouvez, ensemble, résoudre des conflits. Prendre l'entière responsabilité de vos actions inclut de prendre la responsabilité de votre réaction à la réaction de l'autre. Vous êtes le seul à pouvoir décider de ce que vous dites ou faites.

Vous voulez démissionner ? OK, le problème est réglé, mais seulement jusqu'à ce que vous tombiez sur un nouveau patron qui vous énerve tout autant. (Andrew Matthews)

Adopter un langage verbal clair, concis et adapté

Vous connaissez à présent les quatre composantes de la CNV, avec leurs distinctions fondamentales, et savez comment les appliquer pour vous exprimer avec sincérité et écouter avec empathie. Vous possédez l'outil nécessaire pour pratiquer la CNV au quotidien. Mais si vous n'adoptez pas le bon langage, vous n'allez pas vous faire comprendre, même avec les meilleures intentions du monde. La plupart de vos interlocuteurs vont manifester de la méfiance et redouter la manipulation. Dites ouvertement, avec un langage clair, concis et adapté, que vous voulez trouver les moyens de créer une relation d'estime et de respect capable de profiter à toutes les parties prenantes. On vous pardonnera d'autant plus vos maladresses.

Si vous adoptez une attitude solide et respectueuse à l'égard de l'autre, vous pouvez parler dans n'importe quelle langue. Car votre interlocuteur va se rendre compte que vous n'êtes prêt à satisfaire vos besoins que si les siens peuvent également être satisfaits.

Exprimez-vous simplement et avec naturel

Exemple : une CNV appliquée à la lettre

La mère : « Lorsque je vois ce petit pain, je me sens nerveuse, car j'ai besoin de satisfaire ma faim. Serais-tu prêt à me passer le beurre et la confiture ? »
Le fils : « Eh là, maman, t'as un problème ? Tu entends comment tu me parles ? »
La mère : « J'essaie seulement de te parler sans violence ! »
Le fils : « Heu… je préfère avec violence ! »

Même si l'exemple est délibérément caricatural, il vous montre l'écueil à éviter. Comment intégrer la CNV dans votre quotidien pour manifester clairement votre intention et rester authentique ? La CNV est un moyen d'entrer en relation avec les autres. Il ne s'agit pas d'employer un langage savant, mais d'atteindre une qualité de contact qui vous permet de rencontrer les autres au sein d'une relation d'égal à égal, fondée sur le respect. Si vous parlez comme un livre, l'autre va vous dire : « Mais comment parlez-vous ? C'est étrange ! » Renoncez aux mots : observation – sentiment et besoin. Et à des phrases telles que : « Lorsque je vois/j'entends…, je ressens…, parce que… » Il s'agit d'une façon de parler, non seulement inefficace, mais qui risque d'accroître la distance avec votre interlocuteur.

Variez les composantes en fonction du contexte

Variez les composantes de la CNV et apprenez à les associer en fonction du contexte. Nous pouvons souvent renoncer à certaines qui sont évidentes d'après le contexte.

Exemple : rien d'autre que l'observation et la demande

« Je constate que je n'ai pas reçu votre fax. Pourriez-vous me l'envoyer dans la demi-heure qui suit ? »

La CNV est une boîte à outils que vous pouvez sortir du placard à tout moment. Si vous voulez enfoncer un clou, il est logique d'utiliser un marteau plutôt qu'un tournevis. N'essayez pas d'adapter la situation à l'outil, mais munissez-vous de l'outil adapté à la situation.

Soyez court pour être compréhensible

En général, le temps nous paraît plus court quand nous parlons et plus long quand nous écoutons. C'est pourquoi nous avons tendance à employer plus de mots que l'autre ne peut en entendre. Limitez donc vos phrases à une quarantaine de mots (bien sûr, vous n'allez pas les compter, mais cela vous donne un ordre de grandeur) et apprenez à les terminer par des demandes claires. Vous êtes plus compréhensible, l'essentiel de votre message est mis en valeur et votre demande soutient l'attention de votre interlocuteur. Si vos phrases sont très longues et sont dépourvues de demande concrète, votre interlocuteur va peu à peu relâcher son attention et finir par ne plus vous entendre. Et s'il est plus poli que sincère, il ne va pas vous interrompre.

Adaptez votre langage à votre interlocuteur

Si vous voulez atteindre votre interlocuteur, vous ne devez pas parler dans votre langue, mais dans la sienne. Par exemple, si vous exprimez vos sentiments dans un milieu où tout le monde parle rationalisation de la production et objectifs de résultat, vous risquez de créer plus de distance que de proximité. Vous avez alors intérêt à ne pas montrer vos sentiments ou à les exprimer de manière à les rendre acceptables. Cela vaut notamment pour les sentiments liés à des accusations.

Exemple : exprimer des sentiments dans la sphère professionnelle

dans la sphère privée	dans la sphère professionnelle
Je suis fâché	Je suis contrarié
Je suis frustré	Je suis irrité, énervé
Je suis dépassé	Je ne suis pas opérationnel
Je suis en colère	Je suis choqué

C'est la même chose si vous voulez exprimer des besoins dans votre entourage professionnel.

Exemple : exprimer des besoins

Au lieu de dire : « J'ai besoin d'ouverture d'esprit », dites :

a) « Je souhaiterais une plus grande ouverture à de nouvelles idées. »

b) « C'est formidable de voir les individus s'ouvrir à de nouvelles idées. »

c) « J'ai envie d'expérimenter quelque chose de nouveau. »

Au lieu de dire : « Avez-vous besoin d'avoir vos coudées franches ? », dites :

a) « Avez-vous envie de relever le challenge et de vous charger vous-même de cette mission ? »

b) « Aimeriez-vous montrer que vous êtes en mesure de vous charger de cette mission tout seul ? »

Adapter son langage au milieu du travail réclame beaucoup de pratique. Entraînez-vous en cherchant des synonymes susceptibles d'être mieux acceptés par votre entourage professionnel. Le choix des meilleurs mots dépend, bien sûr, du secteur dans lequel vous évoluez. Dans la banque, les gens ne s'expriment pas de la même façon que dans la vente.

➲ Exprimer des besoins dans le monde du travail

Exprimer des besoins dans le monde du travail	
sphère privée	**sphère professionnelle**
• sincérité	• ouverture
• complicité	• coopération
• inspiration	• motivations
• clarté	• clarification
• amour	• bienveillance
• attention	• compréhension
• liberté de décision	• autonomie
• jouer	• tester/risquer
• cohérence	• intégrité
• soutien	• compréhension/coopération
• confiance	• transparence
• franchise	• loyauté
• estime	• reconnaissance

Adapter son langage au milieu dans lequel on évolue vaut également pour les demandes de retour destinées à jeter les bases d'une solution durable.

Exemple d'adaptation des demandes de retour

Sphère privée	Sphère professionnelle
Qu'est-ce que t'en penses ?	Qu'en pensez-vous ?/Voulez-vous exprimer votre avis sur ce projet ?
Qu'est-ce que tu as compris ?	J'aimerais savoir si j'ai été assez clair ? /Me suis-je fait comprendre ?/ Acceptez-vous de me donner un retour, d'exprimer ce qui est important pour vous dans ce que je viens de vous dire ? »

Plus la confiance que vous avez établie avec votre interlocuteur est solide, moins les mots que vous employez sont importants.

Comment gérer étape par étape une discussion conflictuelle

Si vous cherchez des solutions acceptables, nous vous conseillons de suivre le processus idéal décrit dans les pages qui suivent. Vous êtes libre de stopper ce processus à tout instant. Chaque étape franchie est, en soi, déjà fort précieuse. Vous pouvez aussi intégrer certains aspects du processus idéal dans votre manière de procéder habituelle.

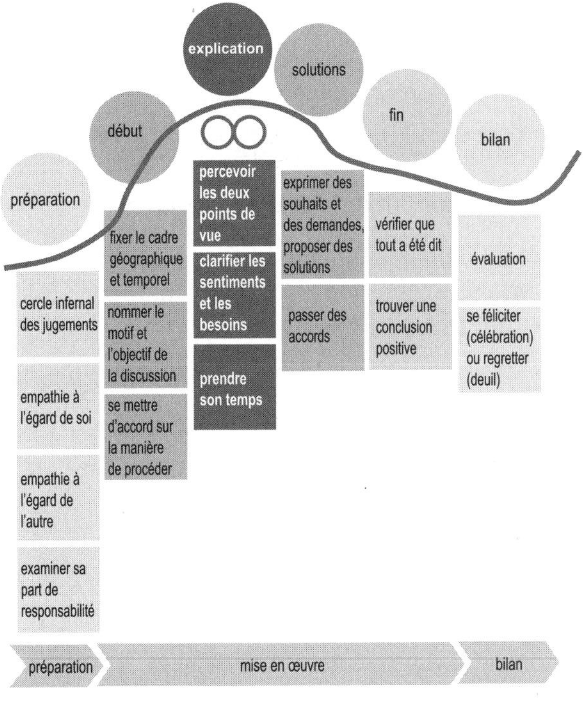

Les composants de la réussite d'une discussion conflictuelle.

J'ai articulé le processus en trois parties (préparation, mise en œuvre et bilan). À chacune de ces parties correspondent différentes étapes (explication, solutions, etc.).

Comme le montre le schéma, le point culminant d'une discussion conflictuelle n'est jamais sa solution ! Il est l'étape charnière, sur le plan émotionnel, à laquelle les pensées d'hostilités accumulées depuis longtemps disparaissent pour laisser place à deux individus désireux de trouver une solution ensemble. Lorsque le lien de cœur à cœur a été établi, la solution n'est qu'une pure formalité.

Préparation : mentale et émotionnelle

Le but de la préparation est de développer une attitude ouverte – une condition essentielle à une issue positive du conflit. Procédez étape par étape.

Développer une attitude ouverte

1. Accueillez le cercle infernal de vos jugements.
2. Soyez à votre écoute et faites preuve d'empathie à votre égard.
3. Mettez-vous à la place de l'autre.
4. Examinez votre part de responsabilité dans ce conflit.

1. Le cercle infernal des jugements

Les conflits ont tendance à déclencher en nous un cercle infernal de sentiments et de jugements négatifs qui n'arrêtent pas de tourner dans notre tête. Prenez du recul pour les observer et découvrir ce qu'ils veulent vous dire. Le plus souvent, ils vous demandent d'utiliser la force de vos sentiments, que ce soit de la colère, de la honte, de la frustration ou de la résignation. Chaque douleur est une demande de votre corps à être pris au sérieux. Chaque jugement vous aide à identifier vos besoins insatisfaits. Ne vous mettez pas la pression en vous disant que les hommes (ou les femmes) « bien » ne se mettent pas en colère. Ne réprimez pas vos sentiments négatifs, puisqu'ils sont des indices précieux, mais apprenez à les utiliser à bon escient.

2. L'empathie à l'égard de soi

Accordez-vous l'empathie dont vous avez besoin pour vous débarrasser des pensées d'hostilité (retournées contre vous-même ou tournées vers l'autre). Essayez de trouver quelqu'un pour vous écouter avec empathie ou sondez vous avec bienveillance. Traduisez vos jugements en sentiments et en besoins, puis déterminez lesquels sont prioritaires. Séparez vos jugements de vos observations et veillez à exprimer vos constatations objectivement, sans jugements moralisateurs. Si vous n'y réussissez pas, c'est qu'un besoin non satisfait cherche à se faire entendre.

Tant que vous n'avez pas fait le plein d'empathie pour vous-même, vous n'êtes pas en mesure d'écouter les autres avec empathie. Alors occupez-vous d'abord de vous avant de vouloir manifester de la compréhension pour l'autre.

3. L'empathie à l'égard de l'autre

Que ressent mon interlocuteur ? De quoi a-t-il besoin ? Essayez de vous mettre à sa place en vous disant : « Si j'étais X, j'éprouverais… et j'aurais besoin de… » Si vous n'y parvenez pas, recourez au jeu de rôle. L'empathie est particulièrement nécessaire face à un interlocuteur qui parle sans donner l'impression d'être vraiment présent – signe qui révèle sa souffrance. Exercez-vous avec quelqu'un : l'autre vous donne une réponse qui vous oblige à réagir à son point de vue avec empathie, à mettre de côté les jugements que sa réponse a suscité en vous et à identifier les sentiments et les besoins qui se cachent derrière ses paroles. Si vous n'y réussissez pas, refaites le plein d'empathie à votre égard et traduisez les jugements mis de côté en sentiments et en besoins personnels.

Exemple : pratiquer l'empathie à l'égard de l'autre

« C'est une bonne chose que vous ayez pu trouver le temps de discuter avec moi. J'espère que nous allons pouvoir clarifier les choses. » La réponse la plus difficile à entendre : « Il n'y a pas grand-chose à clarifier. Vous êtes responsable de tout. Avant votre arrivée, il n'y avait aucun problème dans ce service. » L'écoute empathique : « Il est important pour vous, n'est-ce pas, que j'entende à quel point vous êtes mécontent de notre collaboration. » Jugement mis de côté : « Mon dieu, quelle arrogance ! Pour qui se prend-il ? » Traduction en empathie à l'égard de soi : « Pouah ! il est fatigant de se battre contre lui, moi j'ai besoin d'être traitée avec respect. »

4. Examiner sa part de responsabilité dans le conflit

N'avez-vous pas une part de responsabilité dans cette situation conflictuelle ? Votre attitude ou votre manière d'agir n'ont-elles pas influencé le comportement de votre interlocuteur ? Vous pouvez remédier à ce problème en identifiant le besoin que vous cherchez à satisfaire par une stratégie qui ne convient peut-être pas.

Exemple : examiner sa part de responsabilité

Un fait terrible, mais réel : une grande entreprise voit se multiplier les suicides de ses salariés. D'après ce qu'on peut lire dans la presse, les salariés sont insultés et mal traités par leurs contremaîtres. Et s'ils n'obéissent pas, c'est la porte ! L'entreprise a suffisamment d'argent et de main-d'œuvre. Après plusieurs annonces dans la presse, le responsable du groupe se rend sur le site de production pour donner une conférence de presse. Devant les journalistes médusés, il agresse ses collaborateurs.

Je crains que son désir d'agir pour le bien de son entreprise et de ses salariés conduise plutôt son équipe à retenir la leçon suivante : « Ici, il est normal que les supérieurs insultent et traitent mal leurs subordonnés. » Avec cette stratégie, il favorise inconsciemment la culture d'entreprise qu'il veut éviter. S'il savait comment satisfaire ses véritables besoins sans recourir à la violence, il se comporterait autrement.

S'il y a conflit, entamez une discussion le plus tôt possible. Plus vous attendez, plus la situation risque de se dégrader. Et demandez-vous si vous êtes prêt à prendre votre interlocuteur aussi au sérieux que vous-même.

Mener la discussion

Peut-être sentez-vous monter l'agitation et la tension ? Peut-être même doutez-vous de votre capacité à faire face à cette discussion ? D'où l'importance de vous préparer comme il faut et de vous réserver du temps pour vous donner l'empathie envers vous-même dont vous avez besoin. Concentrez-vous sur la contribution que vous pouvez apporter aujourd'hui à cette discussion au lieu d'anticiper le résultat et de vous mettre sous pression. Le fil conducteur suivant doit vous aider à faire avancer le conflit vers une conclusion positive pour les deux parties.

Mener la discussion

1. Début
   - Fixer le cadre géographique et temporel
   - Nommer le motif et l'objectif de la discussion
   - Se mettre d'accord sur la manière de procéder
2. Explication
   - Percevoir les deux points de vue
   - Clarifier les sentiments et les besoins
   - Prendre son temps

3. Solutions
   - Exprimer des souhaits et des demandes, proposer des solutions
   - Passer des accords
4. Fin
   - Vérifier que tout a été dit
   - Trouver une conclusion positive

1. Début de la discussion

Fixer le cadre géographique et temporel :

- Privilégiez un endroit tranquille, de préférence clair et bien ventilé. Préparez des boissons. Asseyez-vous, non pas l'un en face de l'autre, ce qui laisserait penser à une confrontation, mais plutôt de part et d'autre d'un angle de la table.
- Déterminez le temps que vous vous accordez : le temps qu'il faudra pour trouver un accord ou une durée précise à ne pas dépasser ? Êtes-vous tous les deux prêts à interrompre la discussion à l'heure convenue sans avoir abouti à une solution concrète ? Si la discussion se prolonge, il est recommandé de fixer des pauses.

Nommer le motif et l'objectif de la discussion :

- Quel est le motif ?
- Quel est le résultat à atteindre ?
- Quels sont les thèmes à aborder, selon quelles priorités ?
- Que faut-il éviter ?

Se mettre d'accord sur la manière de procéder :

- **Comment la discussion va-t-elle se dérouler ?** Qui prend la parole en premier ? Chacun est-il prêt à entendre le message de l'autre, même si son point de vue est différent ? Si nous ne trouvons aucune solution mutuellement acceptable, fixons-nous une autre entrevue ?
- **Selon quelles règles du jeu ?** Par exemple, nous décidons de rester concentrés sur les faits ; tous les faits, y compris les sentiments et les besoins, doivent être mis sur la table ; nous parlons à la première personne plutôt qu'à la deuxième ; les injures sont exclues ; nous coopérons au maximum pour résoudre ce conflit ; ce qui s'échange entre nous doit rester confidentiel ; battre en retraite n'est pas admis ; si toutes nos tentatives échouent, nous acceptons de demander l'aide d'une tierce personne – modérateur, médiateur, collègue, ami, etc. ; nous nous autorisons à prendre du recul sur la situation.

2. Explication

Cette étape se caractérise par une alternance entre les deux parties du huit couché (voir page 22) : d'une part, exprimer avec sincérité ses besoins et, le cas échéant, exprimer ouvertement sa part de responsabilité dans le conflit, d'autre part écouter avec empathie les besoins de l'autre.

- **Percevoir les deux points de vue** : toute perception est valable. Écoutez votre interlocuteur, même si des jugements se mêlent à ses observations. Ses jugements ne sont que l'expression de sentiments et de besoins, c'est-à-dire de réalités. Exprimez vos propres observations. Si vous n'êtes pas sûr de ne pas juger, dites-le franchement : « J'aimerais être parfaitement loyal envers vous, mais je suis si tendu que je ne suis pas sûr de pouvoir séparer mes interprétations des faits. »
- **Clarifier les sentiments et les besoins** : demeurez présent, même si la discussion se déroule autrement que dans votre jeu de rôle préparatoire. Au cours de la conversation, d'autres besoins peuvent vous apparaître. Soyez particulièrement attentif aux sentiments vifs que vous pouvez exprimer (si nécessaire, faites preuve d'empathie envers vous-même pour pouvoir être de nouveau présent). Écoutez votre interlocuteur avec empathie. Votre intérêt à l'égard de l'autre est plus important que votre capacité à reconnaître ses besoins. Tant que la personne que vous avez devant vous ne peut pas dire avec soulagement : « Oui, c'est exactement où je voulais en venir ! », toute solution sera une mauvaise solution. Si vous identifiez plusieurs besoins, essayez de déterminer lequel est prioritaire en prenant votre temps. Et restez ouvert à de nouvelles stratégies possibles sans pour autant renoncer à vos besoins.

- **Prendre son temps** : ne cherchez pas à résoudre le conflit aussi rapidement que vous réalisez vos tâches au quotidien. Si, à un moment donné, vous sentez que vous avez besoin d'être à l'écoute de vous-même et de vous « offrir de l'empathie », autorisez-vous une petite pause et dites : « Peut-on s'accorder quelques minutes pour digérer cela ? » Autorisez-vous également à interrompre la discussion en disant, par exemple : « J'ai peur que notre discussion prenne une mauvaise tournure. Si vous me le permettez, j'ai besoin d'une pause de 10 minutes pour voir tout cela plus clairement. »

Il faut déjà du courage pour ne pas dire d'emblée « Oui » ou « Non », mais pour demander un temps de réflexion.

Persévérez tant que vos besoins et ceux de votre interlocuteur ne sont pas clarifiés, puis prenez le temps de les résumer. Appréciez ensemble le chemin parcouru jusque-là – plusieurs étapes ont déjà été franchies avec succès.

3. Solutions

Exprimer des souhaits et des demandes, proposer des solutions :

- Réaffirmez vos besoins respectifs.

- Rassemblez vos idées, vos souhaits et vos demandes en procédant à une séance de *brainstorming*, en appliquant le *mindmapping* ou en utilisant les six chapeaux de la réflexion d'Edward De Bono (pour en savoir plus à ce sujet, reportez-vous au Mini-Guide *Décider vite et bien*).
- Vérifiez que vos propositions sont de nature à satisfaire vos besoins respectifs.
- Ne cherchez pas la solution parfaite, mais celle que vous considérez tous les deux comme acceptable. Évitez quand même d'abaisser le niveau de vos exigences et de vous satisfaire du premier compromis venu. Si vous vous contentez d'un arrangement boiteux, vous risquez de devoir tout recommencer à zéro sans tarder.

Passer des accords (par écrit) :

- Sur quoi vous mettez-vous d'accord ? (sur quelque chose de mesurable, de préférence !)
- Qui s'engage à quoi et dans quels délais ?
- Qui contrôle que l'accord est respecté ? (Par exemple, une personne neutre telle qu'un collègue non impliqué dans l'affaire)
- Quelles sont les conséquences d'un accord non respecté ? (Par exemple, faire appel à une tierce personne et obtenir son soutien)

Une fois que vous vous êtes mis d'accord sur une question donnée, vous souhaiterez peut-être aborder un autre point.

4. Fin de la discussion

- **Vérifier que tout a été dit** : ce n'est parfois qu'au bout d'un certain temps que les points les plus importants viennent sur le tapis. Il existe une loi qui dit qu'au téléphone nous n'abordons qu'en troisième position notre véritable préoccupation. Même si cette thèse n'est pas toujours vérifiée, la confiance qui se crée au fil d'une conversation incite les interlocuteurs à s'ouvrir. Alors veillez à ne pas passer sous silence des sujets importants. Dites, par exemple : « Quelle chose à ajouter ? » Vous aurez ainsi la certitude d'avoir tout fait pour éviter de laisser des problèmes en suspens.
- **Trouver une conclusion positive** : félicitez-vous de vos efforts communs en vue d'une solution à l'amiable. Cela vaut particulièrement si vous interrompez le processus parce que vous n'êtes pas en mesure de clarifier des besoins ou n'avez pas trouvé de solution satisfaisante.

Se quitter sur une note positive facilite la reprise des discussions ultérieurement.

Bilan – la meilleure préparation

1. Évaluation

Réservez-vous du temps pour faire le bilan de votre discussion. Faire le point tout de suite après une conversation permet de se rappeler aisément sa teneur et d'éviter plus facilement le piège des interprétations. Le bilan vous donne l'occasion de tirer des leçons et de vous améliorer. Et, même à cette étape, vous n'êtes pas à l'abri des sentiments de culpabilité : qu'est-ce qui s'est mal passé, ou passé autrement que vous le souhaitiez ? Qu'est-ce qui vous a énervé dans les propos de votre interlocuteur ? Qu'est-ce qui vous préoccupe ?

2. Se féliciter (célébration) ou regretter (deuil)

Même si le résultat ou la solution est un élément important, une évaluation moins axée sur le résultat ou la solution que sur le processus, sur votre attitude et sur la leçon que vous pouvez en tirer vous sera extrêmement utile. En CNV, le deuil consiste à se relier pleinement aux besoins insatisfaits et aux sentiments qui apparaissent suite à un échange infructueux. Car tirer la leçon d'un événement c'est tout sauf se faire des reproches et s'en vouloir. Essayez de répondre aux questions suivantes sous trois aspects, à savoir « ce que j'ai réussi », « ce que je peux améliorer » et « comment ? ».

Faire le bilan de la discussion

- Qu'est-ce que j'ai réussi ?
- De quoi est-ce que je me souviendrais volontiers dans cette discussion ?
- Qu'est-ce que j'ai appris au cours de cette discussion ? Quelle leçon est-ce que j'en tire à présent ?
- Quelles décisions importantes ai-je prises durant la préparation et lors de la discussion elle-même ?
- Qu'est-ce que j'aimerais dire autrement lors d'un prochain échange ? Pour satisfaire quel besoin ?

La plupart d'entre nous ayant appris à voir le verre à moitié vide plutôt qu'à moitié plein, il serait souhaitable de prêter la plus grande attention à ce que nous avons réussi. Souvent, vous avez beau avoir réussi à 90 %, vous passez des heures, des jours, voire des semaines à analyser les 10 % restants. Prenez modèle sur les sportifs de haut niveau : essayez de vous rappeler avec force les aspects gratifiants de cette discussion pendant 15 à 20 minutes et de vous en féliciter ! Envoyez-vous des fleurs ! Cela vous donnera confiance pour la prochaine fois. Plus vous rendrez hommage à vos efforts et garderez l'estime de vous-même, même si le résultat obtenu n'est pas celui que vous escomptiez, moins vous aurez de difficulté à tirer les leçons de vos discussions – la meilleure préparation à une négociation ultérieure !

Exemple : qu'est-ce que j'ai réussi ?

J'ai surmonté trois fois ma peur.
J'ai adopté une attitude ouverte.
Je n'ai pas cherché à maîtriser ce qu'il est impossible de maîtriser : le résultat.
Je me suis accordé de l'empathie au lieu de me laisser ronger par les reproches.

Si vous avez des regrets, c'est que vous êtes conscient des besoins que vous n'avez pas pu assouvir de ce que vous pouvez faire la prochaine fois pour les satisfaire. Au lieu de vous dire : « Je me suis montré insultant envers mon interlocuteur », dites-vous : « J'aimerais agir davantage en accord avec mes valeurs. » Comment ? « Au premier signal intérieur que je percevrais, je ferais savoir à mon interlocuteur que je suis sur le point d'atteindre mes limites et je lui demanderais un temps de réflexion. »

Le moyen le plus sûr d'être en proie à un sentiment d'infériorité et à un état dépressif est de vouloir être parfait.

Comment avoir des discussions constructives au sein de l'entreprise

En référence à l'auteur à succès Andrew Matthews,

l'expérience menée par le Woods Hole Oceanographic Institute (voir l'encadré ci-dessous) reflète l'histoire de bon nombre d'entre nous : nous tombons sur des parents, des enseignants, des amis et des médias qui nous expliquent ce que nous pouvons et ce que nous ne pouvons pas faire. Mais, le plus souvent, nous nous fixons des limites fondées sur nos propres convictions. Nous nous créons des barrières que nous prenons pour la réalité, défendons âprement et ne franchissons sous aucun prétexte. Dans la sphère professionnelle, nous nous contentons de solutions qui ne nous satisfont ni ne nous motivent – hiérarchies et « contraintes extérieures » obligent. Nous nous taisons, et qu'en déduisent les autres ? Que les choses sont bien telles qu'elles sont. Ils n'ont aucune raison de vouloir changer la situation.

Exemple : le barracuda et le barbeau

Dans un aquarium, un barracuda et un barbeau ne sont séparés que par une vitre. Le barracuda se précipite à toute allure vers le barbeau et, à chaque fois, se cogne contre la vitre avec une violence inouïe. Au bout de quelques semaines, le barracuda associe la chasse au barbeau à la douleur et cesse donc de le chasser. La vitre peut alors être supprimée – le barracuda restera du côté de l'aquarium où il a eu l'habitude d'évoluer et ne s'aventurera jamais sur le territoire de son voisin. Il préférerait mourir de faim que tenter une nouvelle fois de franchir les limites qui ont toujours été les siennes.

De nouvelles solutions grâce à la CNV

Au sein des organisations, plus les individus se serviront de l'outil précieux que représente la CNV, plus ils percevront rapidement des changements dans l'ambiance au travail et la culture d'entreprise – notamment une ouverture et une sincérité plus grandes. Ils pourront constater que des sujets, longtemps passés sous silence, sont mis sur la table. La CNV permettant d'exposer et de prendre en compte les besoins et les sentiments de tous les intéressés, des solutions durablement satisfaisantes peuvent être trouvées (accords gagnant-gagnant). Ces expériences positives renforcent la confiance en soi, la compréhension à l'égard des autres et la confiance mutuelle.

Développer la confiance

La confiance agit dans les organisations comme l'huile dans les rouages de la machine : les accords sont conclus directement et rapidement, les informations sont partagées et transmises de bon cœur, on cherche des solutions créatives et constructives aux difficultés rencontrées, les processus décisionnels se déroulent avec efficacité. La confiance augmente le sentiment de sécurité et la satisfaction des salariés qui, de ce fait, commettent moins d'erreurs et sont moins souvent absents, ce qui diminue les coûts. La CNV est un moyen extrêmement efficace de développer la confiance au sein de l'entreprise.

Réduire les coûts

Il existe encore peu d'études, et donc peu de chiffres, sur le coût des conflits et d'une mauvaise communication dans l'entreprise. Selon une étude allemande de 2009, les entreprises n'ont qu'une connaissance très incomplète du coût des conflits et, par conséquent, ont tendance à le sous-estimer. Ce sont notamment les contrats manqués/commandes ratées, les postes inoccupés et les problèmes liés à l'exécution des projets qui entraînent les coûts les plus élevés. D'après des études pour le compte de chambres d'industries et du commerce, les chefs d'entreprise estiment qu'une gestion positive des conflits peut améliorer de 19% en moyenne les coûts supportés par les PME.

Apprendre à partir d'exemples

Les exemples suivants sont issus du milieu de l'entreprise. Le premier est une réunion annuelle (de bilan et d'évaluation) entre un supérieur et son collaborateur, le second une discussion conflictuelle entre un supérieur et son collaborateur. Dans la plupart des cas, ces discussions auraient entraîné une perte de confiance des deux côtés et/ou une démotivation du collaborateur. Mais nous vous montrons comment ces situations peuvent prendre une toute autre tournure si l'un des deux interlocuteurs utilise la CNV.

1er exemple : Vous ne toucherez pas votre prime

De nombreuses entreprises ont pris l'habitude, une fois par an, d'organiser des entrevues entre responsables et collaborateurs en vue d'évaluer la réalisation des objectifs fixés au départ. En général, ces discussions se déroulent dans une atmosphère assez désagréable, et ce pour quatre raisons principales :

- Les différences de pouvoir – le responsable décide du statut et du salaire de son collaborateur.
- Le déséquilibre informationnel – le responsable connaît mieux les chiffres, les stratégies et les perspectives de l'entreprise.
- Le malaise des deux interlocuteurs concernant la gestion des critiques – peur de recevoir des critiques pour le collaborateur, peur d'exprimer ses critiques pour le responsable.
- L'incertitude concernant la relation – manque de confiance mutuelle.

Le responsable, monsieur L., est mécontent des résultats de son collaborateur, monsieur P. Monsieur L. est chargé de dire à monsieur P. qu'il ne recevra pas sa prime en raison d'un projet qu'il a terminé hors délais. Monsieur L. sait qu'il n'est pas prêt à discuter et à se laisser influencer. Mais monsieur P. connaît bien la CNV et il est très motivé pour la mettre en pratique.

Après avoir brièvement salué son collaborateur, monsieur L. entre rapidement dans le vif du sujet : « Monsieur P., en vertu de ce qui avait été convenu entre nous et au vu de votre retard dans la réalisation de ce projet, j'ai le regret de vous dire que les conditions ne sont pas remplies pour que je puisse vous verser votre prime. Je suppose que vous en êtes conscient et qu'il n'y a pas lieu d'en débattre. »

Monsieur P. est extrêmement déçu. Il comptait recevoir sa prime malgré son retard puisqu'il n'est pas responsable des facteurs extérieurs qui l'ont empêché de remettre son projet en temps et qu'il a fourni de gros efforts pour venir à bout du projet. Il a besoin de quelques secondes pour prendre conscience de sa déception et se demande lesquels de ses besoins ne sont pas satisfaits. Des notions telles que la générosité, la loyauté et la reconnaissance lui viennent à l'esprit. Intérieurement il se dit : « J'ai pris une bonne claque ! Je suis vraiment déçu. J'aurais souhaité obtenir de la reconnaissance. Oui, de la reconnaissance, c'est ça. »

Les concessions matérielles ne remplacent pas le manque d'estime. (Marshall B. Rosenberg)

Monsieur P. prend donc conscience de ce qu'il éprouve et cherche à identifier les besoins insatisfaits à l'origine

de ses sentiments. Alors il se rend compte que l'argent n'est pas sa priorité. En même temps, il fait preuve d'empathie à l'égard de lui-même.
Après avoir clarifié ses sentiments et ses besoins, il dit à son supérieur : « Monsieur L., je suis très déçu d'entendre cela. Car j'aurais aimé voir mes efforts reconnus. Pouvez-vous comprendre ma déception ? »
Le supérieur lui répond avec acrimonie : « Notre accord est très clair, je n'ai aucune marge de manœuvre. Vous le savez pourtant ! Le projet n'a pas été terminé en temps, d'où l'absence de prime. Ce sont les règles du jeu ici, point barre ! »
Monsieur P. perçoit la colère de son chef, ainsi que sa propre colère face à une telle réponse. En l'espace d'une seconde, il voit clairement ce qui lui manque en cet instant précis : l'estime, le respect et la reconnaissance. Il se demande s'il est prêt à faire preuve d'empathie à l'égard de son supérieur pour établir une vraie relation avec lui. Sa réponse est oui. Après quelques instants de réflexion, il dit à son chef : « Vous aimeriez avoir une plus grande marge de manœuvre au poste que vous occupez, n'est-ce pas ? »
Monsieur L. : « Non, je n'ai pas besoin de plus de marge de manœuvre. Les contrats sont parfaitement clairs, même si la situation que vous avez rencontrée était un peu exceptionnelle, marquée par un malheureux concours de circonstances. Jusqu'à présent,

vous aviez toujours fait du bon travail, mais cette fois les choses ne se sont pas passées aussi favorablement pour vous. Ni pour moi, d'ailleurs. Je vois ma prime diminuée, alors que j'ai fait de mon mieux ! » Monsieur L. est toujours de mauvais poil, mais il est également un peu surpris par l'attitude de son collaborateur. Il avait pensé que monsieur P. s'opposerait vivement à cette décision.

Monsieur P. continue de manifester son empathie et poursuit : « Mais vous voudriez que les bonnes performances soient reconnues sur la base de règles du jeu équitables et transparentes ? »

Monsieur L. : « Bien sûr ! Sinon le système devient totalement arbitraire et chacun fait ce qu'il veut ! »

Monsieur P. : « Si je vous comprends bien, il est important pour vous que les accords soient tenus et que tout le monde agisse dans le même sens ? »

Monsieur L. se penche en avant et répond : « Absolument ! » Il regarde son collaborateur d'un air pensif. « Vous savez, j'ai l'impression que vous et moi allons justement dans le même sens, même si votre comportement est parfois déconcertant… »

Monsieur P. ne peut s'empêcher de sourire. Il perçoit la reconnaissance de son supérieur à cet instant. Il prend même l'adjectif « déconcertant » pour un compliment, car il y sent du respect pour sa personne et son attitude à l'égard de son chef. Puis il entend monsieur L. lui

dire d'un ton respectueux : « J'espère que nous allons poursuivre notre collaboration de cette manière. Il y a de nouveaux projets qui sont déjà arrivés. »
Monsieur P. sent qu'il a tissé un lien particulier avec son supérieur et lui répond avec une grande spontanéité : « Je suis heureux de percevoir de la reconnaissance à travers vos paroles, je vous en remercie infiniment ! Concernant les projets à venir, j'aimerais beaucoup que nous travaillions tous à atteindre nos objectifs communs en restant une équipe soudée. Et puis je souhaiterais éviter une nouvelle déception. Comment pensez-vous que nous pourrions agir, concrètement, pour y parvenir ?
« Oh, je n'ai pas vraiment d'idée, mais vous êtes certainement plus inventif que moi pour repenser le système ! », répond monsieur L. en esquissant un sourire.
Monsieur P. : « Oui, j'ai une idée de la manière dont nous pourrions instaurer une compensation en cas de difficultés imprévues dans le déroulement de nos projets. À mon avis, cela créerait un système plus équitable pour tout le monde. Mon idée serait de… »
Monsieur L. se réjouit de la tournure productive de cette conversation et interrompt son collaborateur : « Malheureusement, je dois vous laisser, car j'ai une réunion dans cinq minutes, mais si nous déjeunions ensemble demain midi, nous pourrions en reparler. »

Monsieur P. est stupéfait, car son chef prend rarement le temps de déjeuner le midi, et qui plus est avec ses collaborateurs ! « Je suis heureux que vous acceptiez de prendre le temps de discuter de ce sujet avec moi. Je vous en remercie ! » Les deux hommes prennent rendez-vous pour le lendemain et monsieur P. quitte le bureau de son supérieur. Il se sent soulagé et fier de l'attention que son chef lui porte.

Ce dialogue montre comment une discussion particulièrement difficile et mal engagée peut évoluer positivement, sans faire intervenir de jugements moralisateurs, de sentiments de culpabilité ou d'accusations, et même si un seul des deux interlocuteurs maîtrise la communication non-violente. L'empathie et l'échange sincère ont ouvert la voie à une conversation constructive et à des perspectives d'avenir, pour le supérieur comme pour son collaborateur.

2e exemple : Tu ne peux rien y faire, laisse tomber

Monsieur T. est arrivé dans l'entreprise il y a six semaines et, aujourd'hui, il doit présenter les résultats de son travail devant le comité de direction. À peine a-t-il commencé sa présentation, étayée par des graphiques Powerpoint, que le président du comité de direction, monsieur K., l'interrompt d'une voix forte : « Arrêtez, je ne veux pas voir ces idioties ! »

Monsieur T., surpris : « Très bien, vous voulez en rester là ? Je pensais que cela vous aurait intéressé. » Là-dessus, il éteint le rétroprojecteur, range l'écran et s'apprête à sortir de la salle. Monsieur K. : « Que se passe-t-il ? Pourquoi partez-vous ? »
Monsieur T. : « Vous venez de me dire que… »
Monsieur K. : « J'ai dit que je ne voulais pas voir ces trucs-là, je n'ai pas dit que je ne voulais pas vous entendre ! »
Monsieur T. : « Ah bon, alors je continue ? »
Monsieur K. : « Oui, parfaitement. »
Monsieur T. explique son travail en détail, encore un peu sous le choc de ce qui vient de se passer.
Le lendemain monsieur T. s'enferme dans son bureau, en proie à des pensées obsédantes. Il remarque qu'il ne peut pas vraiment travailler sur son projet, sa présentation de la veille lui revenant sans cesse à l'esprit. Des pensées d'hostilité l'assaillent : « Pour qui se prend-il, ce type ? Me faire ça à moi ! Je n'aurais pas dû tolérer cela ! » Puis monsieur T. décide de faire preuve d'empathie à l'égard de lui-même, de coucher sur papier tous ses jugements et ses sentiments. Peu à peu il se calme et reconnaît le besoin fondamental qui se cache derrière tout cela : coopérer dans le respect mutuel. Puis il essaie de se mettre à la place du président du comité de direction – sans succès. Il ne parvient pas à comprendre ce qui a poussé monsieur K. à réagir ainsi.

Il demande alors un rendez-vous personnel avec lui auprès de sa secrétaire.
Rayonnant, il annonce à ses collègues qu'il a un rendez-vous avec monsieur K. le lendemain après-midi. François, l'un de ses meilleurs collègues, lui répond d'un air hébété : « Es-tu devenu fou ? Tu ne peux pas faire cela ! Tu sais qui il est ? »
Monsieur T. : « Oui, parfaitement, le président du comité de direction ! »
François : « Tu sais ce qu'il va faire ? Il va te mettre à la porte ! »
Monsieur T. : « Tu crois ? »
François : « Réalise qu'il est tout en haut de la hiérarchie ! Annule ton rendez-vous et accepte ce qui s'est passé hier. Tu ne peux rien y faire ! »
Monsieur T. commence à douter – a-t-il bien fait de solliciter ce rendez-vous ? Il se demande pourquoi, malgré tout, il veut aller au bout des choses. Le mot « intégrité » lui vient à l'esprit. « Oui, c'est ça, je veux vivre mes valeurs. » Il s'interroge : « Suis-je prêt à aller jusqu'au bout de cette histoire et à en supporter les conséquences – au pire, à être renvoyé ? » Une petite voix intérieure lui dit oui. « Qu'est-ce qui me rend si sûr de moi ? Je crois que si je réussis à le voir comme un être humain et non comme un président de comité de direction, il m'écoutera. »

Monsieur K. : « Alors, monsieur T., de quoi souhaitez-vous me parler ? »
Monsieur T. : « Tout d'abord, permettez-moi de vous remercier d'avoir accepté de prendre le temps de me recevoir. Avant-hier, vous avez semblé assez mécontent de ma présentation. J'aimerais savoir pourquoi, car dans deux mois j'aurais sans doute une nouvelle présentation à effectuer. Seriez-vous prêt à me faire savoir les raisons de votre mécontentement ? »
Monsieur K. : « Eh bien, je ne supporte pas tous ces graphiques ! »
Monsieur T. se dit en lui-même : « N'écoute pas les mots, écoute les sentiments et les besoins qui se cachent derrière. Ne lui dis pas tout de suite que tu t'es donné beaucoup de mal pour réaliser ces graphiques. Essaie d'abord de le comprendre. »

La véritable communication, c'est d'arrêter de parler. Elle nous demande plus d'écouter que de parler. (Jack Welsh)

Monsieur T. : « C'est donc cela, vous ne supportez pas les graphiques ? » Il n'a toujours aucune idée des besoins de monsieur K.
Monsieur K. : « Oui, absolument, vous ne pouvez pas savoir combien de fois je répète à mes collaborateurs que nos salariés ne devraient pas gaspiller leur temps

avec tout ce bazar ! Nous ne payons pas les gens pour faire des dessins, mais pour travailler. »
Monsieur T. se concentre sur les sentiments et les besoins qu'il perçoit, et soudain, il comprend. Il dit à monsieur K. : « Si je vous comprends bien, vous avez besoin d'être sûr que votre personnel emploie son temps à bon escient, dans l'intérêt de l'entreprise ? Et, par conséquent, cela signifie pour vous attacher de l'importance au fond plus qu'à la forme ? »
Monsieur K. : « On peut dire cela comme ça ! »
Monsieur T. : « Et c'est pourquoi il est si important pour vous lors des présentations que votre idée-phare ressorte, à savoir comment diriger l'entreprise pour le bien de tous ? »
Monsieur K. : « C'est exactement cela ! Vous ne pouvez pas savoir combien de fois je répète à qui veut l'entendre de supprimer de telles aberrations ! »
Monsieur T. : « Cela doit être frustrant de répéter toujours la même chose sans se faire comprendre ? »
Monsieur K. acquiesce.
Monsieur T. : « Monsieur, je voudrais vous faire part de quelque chose qu'il m'est difficile de vous exprimer, mais que je tiens vraiment à vous dire. »
Monsieur K. : « Dites toujours ! »
Monsieur T. : « J'ai essayé de rendre mon discours plus compréhensible avec un Powerpoint, car parfois les images en disent plus long que les mots. Et je

remarque (son cœur bat la chamade !) que je suis encore sous le choc de la façon dont vous m'avez parlé devant les autres. Si vous n'êtes pas d'accord avec certains aspects de mon travail, je préférerais que vous me le disiez en tête-à-tête, sans témoins. Cela m'éviterait de perdre mes moyens pendant la présentation. Seriez-vous prêt à faire cela ? »

Silence dans la pièce. Le président du comité de direction regarde monsieur T. et, au bout de quelques instants qui lui paraissent une éternité, lui répond : « Cela signifie-t-il, monsieur T, que vous voulez me contredire ? » Monsieur T. voit déjà sa lettre de licenciement… il se demande s'il veut être sincère ou se soumettre. Il lâche ces trois mots : « Oui, je crois. »

Monsieur K. : « Vous êtes le premier. »

Monsieur T. avale sa salive, il n'a aucune idée de ce qu'il pourrait ajouter. Au bout d'un long silence, monsieur K. lui dit : « Continuez ! »

Sur le moment, monsieur T. se demande si ce n'est pas de l'ironie. Jusqu'à ce que monsieur K., connu pour son perfectionnisme, lui dise : « Savez-vous combien il est difficile de diriger une entreprise comme celle-ci ? » Personne ne connaît vraiment l'ampleur de la tâche, et cela est très frustrant. Comment diriger au mieux une entreprise ? Les idées ne manquent pas, et le pire, c'est que nous en intégrons certaines sans prendre suffisamment de recul. »

Monsieur T. a réussi ! Grâce à son écoute empathique, il a gagné la confiance de monsieur K. et pu lui faire part de ses sentiments et de ses besoins sans le vexer. Même dans les moments les plus difficiles, son attitude lui a permis de voir monsieur K. comme un être humain, au-delà de son rôle et de sa position.

À chaque instant nous avons le choix. Des choix souvent difficiles. Mais faire ce choix difficile nous est plus facile si nous discernons clairement nos besoins et nos valeurs, si nous savons intimement comment nous voulons vivre. (Marshall B. Rosenberg)

À retenir : la CNV au quotidien

- La réussite de votre discussion dépend moins de vos paroles que de votre attitude et de la relation que vous nouez avec votre interlocuteur.
- Préparez-vous mentalement et émotionnellement à une discussion conflictuelle. Clarifiez vos sentiments et vos besoins, et mettez-vous à la place de votre interlocuteur. Vous adopterez ainsi une attitude ouverte.
- Dès le début de la discussion, fixez ensemble le motif, l'objectif et les règles du jeu.
- Notez par écrit les résultats obtenus et trouvez une conclusion positive.
- À l'heure du bilan, notez tout ce qui s'est bien passé, tout ce que vous avez réussi – cela vous donnera confiance pour la prochaine fois.

Pour information

Marshall B. Rosenberg est le fondateur et le directeur des services éducatifs du *Center for NonViolent Communication* (CNVC), un organisme international à but non lucratif comptant une centaine de formateurs.
Sites Internet américains du *Center for NonViolent Communication* : www.cnvc.org et www.Nonviolent-Communication.com
Site Internet européen : www.nvc-europe.org
En France : Association Communication NonViolente, 13 bis boulevard Saint-Martin, 75003 Paris, 01-48-04-98-07

Index

Dans la collection MiniGuides ecoLibris :

Psychologie et développement personnel

ISBN	Code	Titre
978-2-87515-004-2	44 2912 2	L'Intelligence émotionnelle
978-2-87515-005-9	44 2913 0	La PNL
978-2-87515-008-0	44 2917 1	Trouver le bonheur
978-2-87515-009-7	44 2918 9	Entraîner sa mémoire
978-2-87515-015-8	44 2921 3	En finir avec le stress
978-2-87515-017-2	44 2923 9	Le Langage du corps
978-2-87515-038-7	44 2934 6	Bien gérer la pression
978-2-87515-039-4	44 2935 3	La Motivation
978-2-87515-045-5	44 2939 5	Psychologie au bureau
978-2-87515-049-3	44 3061 7	La Manipulation, Théorie + training
978-2-87515-053-0	44 3063 3	Décider vite et bien
978-2-87515-064-6	44 3069 0	S'affirmer, Théorie + training
978-2-87515-065-3	44 3070 8	Savoir dire non
978-2-87515-066-0	44 3071 6	Plus de sérénité, moins de stress
978-2-87515-077-6	44 3081 5	La Pensée positive
978-2-87515-081-3	44 3085 6	Le Yoga au bureau et à la maison

Impression et façonnage réalisés en mai 2012
par La Tipografica Varese S.p.A.
pour le compte d'Ixelles Publishing SA
Imprimé en Italie